中国式管理

——传统智慧与现代文明的融汇

曾仕强 著

华龄出版社
HUALING PRESS

图书在版编目（CIP）数据

中国式管理：传统智慧与现代文明的融汇 / 曾仕强著. -- 北京 ：华龄出版社，2024. 12. -- ISBN 978-7-5169-2918-6

Ⅰ. F279.23

中国国家版本馆CIP数据核字第20249MZ000号

策划编辑 周宇燕　　**责任印制** 李未圻
责任编辑 梅　剑　　**装帧设计** 康　林

书　名	中国式管理：传统智慧与现代文明的融汇	作　者	曾仕强
出　版 发　行	华龄出版社 HUALING PRESS		
社　址	北京市东城区安定门外大街甲57号	邮　编	100011
发　行	（010）58122255	传　真	（010）84049572
承　印	河北环京美印刷有限公司		
版　次	2024 年 12 月第 1 版	印　次	2024 年 12 月第 1 次印刷
规　格	880mm × 1230mm	开　本	1/32
印　张	10	字　数	210 千字
书　号	ISBN 978-7-5169-2918-6		
定　价	69.80 元		

目　录

管理哲学篇

管理实践篇

附录

管理哲学篇

第一章

《大学》之三纲领

经文（一）

大学之道，在明明德，在亲民，在止于至善。

今译

大学之道，便是政治的道理，有三个主要的纲领：

（1）明明德，凭良心实施德政。

（2）亲民，推己及人，把众人当作亲人般看待。

（3）止于至善，站在当时合理的立场上，寻求有效措施。

引述

《大学》一书所讲的“大学”，并非现代教育制度中的大学，最好能称为“太学”，更符合这一本书的要旨。因为“太”字原本的意思是“很大”，凡是比大还要大，用“大”字不足以形容的，都叫作“太”。实际上“太”这个字，既有“广大”的意思，又有“不二”的限制。“太学之道”，便是《大学》这一本书所说的道理，它是人世间最大、最重要的学问之一。

人世间最大的学问是什么？在“天道、人道、地道”之中。人生于天地之间，有顶天立地的责任，当然以“人道”为优先。

孔子集古圣先贤的大成，最伟大的贡献，便是创立人道，倡导仁义，把伦理道德和自然规律结合起来，走出一条顺天应人的大道——一方面顺应天理，遵循自然规律；另一方面应合人性，发扬伦理道德。《大学》是儒家的经典，位居“四书”之首，说的当然是人道中最大的学问。

最大的人道是什么？《论语·为政》记载：或谓孔子曰：“子奚不为政？”子曰：“《书》云：‘孝乎惟孝，友于兄弟。’施于有政，是亦为政，奚其为为政？”

有人请教孔子：“先生为什么不从政呢？”孔子回答：“《尚书》说：‘孝敬父母的人，必能友爱兄弟。’将孝敬、友爱的道理和精神，传布给当政者，这也算是从政，何必一定要自己在朝为官才算从政呢？”政治以造福人群为目的，通过各种渠道，提供合理服务，以贡献人群社会，即为政治。人是群居的动物，离不开社会，也就离不开政治。所以，最大的人道应该是政治。

大学之道，既为人道，也是政道，主要有三大纲领，即为明明德、亲民、止于至善。

三纲领之中，依据《易经》“居中为吉”的原则，“亲民”居于“明明德”和“止于至善”的中间，成为核心课题。换句话说，“明明德”必须为“亲民”而“明明德”，而“止于至善”的效果，也必须合乎“亲民”的要求，才能使人安心而乐于顺从。

明明德，意思是说显明自己与生俱来的“明德”，其实就是现代人常说的凭良心。凭良心修持自己的德行，用以施行德政，并且收到明显的效果，便称为“明明德”。

现在，由于国民所得逐年提高，全体国民在物质生活方面已经有了显著的改善，而在精神生活方面，却未能得到同等的提升。孔子说：“不在其位，不谋其政。”非常合乎现代分工专职的道理。组织越庞大，事务越复杂，分工越专精，就更需要各安其分。三纲领首先指出“明明德”，便是提醒我们：人人凭良心，各就各位，用心把事务办好。先管好自己，才有资格管别人。

亲民，也称为“新民”。“亲”和“新”两字，古代互通，是同音假借字。“亲民”的意思，现代人大多曲解为顺应民意，主要的原因是为了讨好大众，骗取人民的感情，博取大家的好感。为政的道，固然是顺天应人，然而天是不明言的，不但天意难测，而且天理难明。现代科技发达，我们对大自然还是有太多不明白的地方。人呢？数量越来越多，意见越来越多元。若要“应人”，请问该应哪些人？如何应法？人多意见多，究竟要听谁的？何况占到便宜、得到好处的，通常是喜在心里，却默不吭声。至于权益受损、吃了亏的人，不平则鸣，无不大声喊冤。再精密、周全的民意调查，也难免有人为的操作。

所以，为政一方面是要亲近人民，把人民当作亲人般看待，真正地关心人民的生活。但是另一方面，也应该在天人之间，扮演沟通的桥梁，使人民的需求能够适应环境的变化，做出合理的节制。“应人”的基础应该是“顺天”。人民合理的要求，当然要尽力满足；不合理的要求，也需要有效地加以导正。如何导正？最有效的方法，便是给予“新”的观念。因为观念一改善，所有言行态度也就随之改变。为政者不但要“亲民”，而且要“新民”，两者兼顾并重，才是凭良心所施行的德政。

然而，问题是这个“新”字，又遭到十分严重的扭曲。大家热衷于求新求变，事事要求创新，造成十分可怕的后果。

（1）认为一切旧的都不如新的，不好的固然要变，好的也要变。这样一来，变到连根本都没有了，也就是“经”不见了。原本连续不断的文化，很可能因为不连续、产生断层，而遭到断绝的后果。

（2）求新求变，换一个角度来看，便是“人心思变”，以致人人标新立异。存心不良的人，利用此种爱好新奇的心理，黑心欺骗，花样还不断翻新，破坏社会秩序莫此为甚。

（3）忽视变中有不变的常则，对整个社会的共识十分不利。年轻人中兴起一股“只要我喜欢，有什么不可以”的狂热，以“创新”为幌子，胡作非为，导致人心更加不安宁。

创新应该是“创善”，才符合“止于至善”的纲领。创意有好也有坏，必须审慎分辨。但时下求新求变的风气，往往误认为创新便是正确的。大家乱变，又以为变就是进化，岂不是应了老子所言“不知常，妄作，凶”的警语？没有原则的变，当然是乱变，到头来必定招致凶祸。

我们用“亲”不用“新”，还有更深一层的用意。从政时，若是把民众视为自己的亲人，怎么忍心胡乱地求新求变？一定会用心考虑，预先评估后果，尽最大努力做到没有后遗症。所以，经文后面接着提出“止、定、静、安、虑、得”的决策过程，便是期望大家凡事能够找出合理点，而不是认为有新点子便是好。

止于至善，说的是立于此时此地合理的立场。“止”是立的意思，“至善”指此时此地最为合理的平衡点。“止于至善”是随时变动的，并非固定不变的标准。

为政之道，以“明明德”为本，但是“明明德”的作用，则具体表现在“亲民”。倘若没有“亲民”的事实，“明明德”只算是独善其身，并不能扶危济困，对人群社会做出良好的贡献。从政者应该以亲民为本，然而亲民的情境，始终变动不居。我们常说民意如流水，时刻都在变化，因此必须“止于至善”，随时做出合理的调整，以求与时俱进。我们把三纲领都看成根本，便是基于三纲领的连贯性和交互性，可说是以“亲民”为核心，三者一以贯之，无法分割。

经文（二）

知止而后有定，定而后能静，静而后能安，安而后能虑，虑而后能得。

今译

凡事站在人之所以为人的立场，不违背仁义的原则，然后坚定牺牲、奉献的服务意志。对外界诱惑不为所动，才能心不妄动。一心一意以“明德”来“亲民”，凭良心为公众办事，自然所处而安。既不紧张，也不恐惧，才能考虑周详。把各种可行性和可能产生的后遗症分析清楚，自然能够获得此时此地最合理的决策。

引述

“知止而后有定，定而后能静，静而后能安，安而后能虑，虑而后能得。”这句话讲的就是如何达到至善的目标，所以“知止而后有定”的止就是止于至善的止。知晓了这个目标，才可能认定这个目标；认定了目标后，才有可能静心，静心就是能够排除干扰、拒绝诱惑的心态；有了静心后，才有可能安心于所要从事的事业，这就是专注；有了专注之后，才有可能对事业的方方面面有所思虑和思考，于是才能把控事业向前发展；有了这种有效的思考后，才可能有所得到，有所成就。这时候的“得”才是扎扎实实的、真实的获得。

“知止而后有定，定而后能静，静而后能安，安而后能虑，虑而后能得”，是从知到得的完整过程，以及需要把握的关键节点。需要注意的是，每一个前者都只是后者的必要而非充分条件。也就是说，做到了“知止”，不一定就能做到“定”；但是如果没有“知止”，那就肯定不会有“定”。正是因为这种或然结果的必要条件，才会让一些急功近利的人嗤之以鼻。

孔子认为一切道德，都以仁为根本。仁是一切道德的总称，一个人的人格修养，达到仁人的标准，就代表人格的完成。仁是人之所以为人的特性，也就是人之所以异于禽兽的特质。

大学之道，以修仁德、施仁政为目标，所以德行和德政应兼顾并重。一方面为己，提高自己的道德修养，对自己和家人都有很大的好处；另一方面为公，以“明明德”来“亲民”，并使“亲民”保持在合理的水平。随机做好调整，务求与时俱进，从继旧开新中持续改善，永远不停息。它的动力，就在于一个“仁”字。仁是人对人的爱心，是发自内心的真爱，并非虚情假意的假爱。这种爱心，由爱父母一直推广到爱一般人，即为“亲民”的表现。《说文》指出：“仁，亲也，从人二。”有视人如己的意思。人类是一体的，四海之内皆兄弟也，应该相亲相爱。仁的最高境界是天人合一，也就是人与天地万物相通、相类和统一。我们常说天地良心，便是指凭借自己的良心，与天地的自然律合而为一。要做到天地万物合为一体，必须“明明德”，但是“明明德”的目标，不能仅限于一己之私，只达到自我修治、提升自己的德行，最好还能够推己及人，凭良心来实施仁政，即为“亲民”。“亲民”要“止于至善”，必须做好合理的决策，然后据以实施。秉公评核，以求改善，做出阶段性的合理调整。

有了“止于仁”——站在仁人爱物立场的决心，才能够坚定不移。有了坚强的修仁德、施仁政的意志，才能够静下心来，于是原有的“明德”，也就是良心，便能自然显现。凭良心克制好胜、自夸、怨恨、贪欲等不良习性，恢复敬天、谨慎、勤敏、宽厚等本性，因而安下心来，用心地思虑。周详思虑的所得，再经过可行性分析，以及可能发生后遗症的预先评估后，自然能够获得此时此地最合理有效的决策。

修仁德、行仁政，决策是十分重要的关键。因为如果决策错误，所造成的后果十分可怕，不仅浪费资源、耽误时间，更可恶的是败坏风气、破坏秩序，使大众丧失信心。家政决策错误，影响到全家人的生活；国政决策错误，不仅使社会受害、人民遭殃，还会祸延后代子孙。各行各业的决策错误，造成社会问题，有时还会引起国际纠纷。从个人到社会，决策的质量都会直接、间接地影响到社会的安宁和人民的幸福。

所以，“止、定、静、安、虑、得”是构成决策的完整过程。我们从个人、家庭到团体、组织，都必须遵循这样的历程，来做好决策并据以实施，才能收到“止于至善”的“亲民”

效果。

《论语·微子》记载孔门弟子所言："君子之仕也，行其义也。"君子出来做官，是尽自己对国家、社会的一份责任，必须尽力使政治成为有益于人生文化价值创造的神圣事业。倘若家政、国政以及各行各业的业政，都能够普遍建立这样的共识，深知决策的良窳（yǔ），足以产生巨大的影响，自然就能心平气和，不敢大意。

政治具有高尚而庄严的价值，然而，并不是每个人都有机会，可以担负这样具有价值的责任。我们可以说："有没有机会，是各人的命。"不应该勉强谋求，也不必刻意回避，我们所应当做的就是尽其在我。因为政治的责任无穷，所需具备的智慧与能力也没有穷尽，必须谨记"仕而优则学"的原则，时时抽出时间来进德修业，自我充实。

《论语·里仁》记载孔子所言："不患无位，患所以立；不患莫己知，求为可知也。"不必担心得不到好职位，要担心的是自己有没有才德担任这样的职位；不必担心别人不知道自己，应该担心自己究竟有哪些才德值得别人知道。任何事认真推究起来，都是天下事。只要在自己分内的工作上，把应该做的决策做好，并且据以实践，便是为人生增添一份实绩，既是从政，也是行道，实在是功德无量。然而，自己只是尽本分，还需要平心静气，等待众人的公论，以求能自我反省，而止于至善。

中华文化非常重视责任，却不说什么权利、义务。人是社会的一分子，自然有承担政治责任的认知和担当。职位越高，所承担的责任就越重大。一家之主的家长，必须负起这一家的责任；单位或者公司的领导，应该负这家单位或者公司的责任；一国之君必须负起这一国的责任；而一统天下的帝王，应负起全天下的责任。每一个人，都要对自己所做的决定负起完全责任，这就是我们常说的自作自受，不得怨天，尤人也没有用。

政治是治理众人的事务，我们把众人的事务积累起来，便成为人生价值的实现。我们都在创造历史，也都在创造文化，而所有的历史文化都和众人的事务有关，也就是离不开政治。我们一方面致力于扫除所有阻碍社会进步的腐败，一方面也应该提倡、号召、发动组织的工作，促使天下人的智慧德行能够普遍发扬，并且协调、配合各方的力量，共同为创造人生和社会的价值而努力。所有的决策，都必须遵循“止、定、静、安、虑、得”的程序，谨慎为之。

经文（三）

物有本末，事有终始。知所先后，则近道矣。

今译

任何事物都有本质和现象、条件和结果，任何事物的发生发展都遵循循环往复的规律。明确了事物的本末终始，知道了先后的次序，能够循序而行，自然持续进步而止于至善，这样，就接近大学之道了。

引述

政治的根本，在于为人民造福。从政的意识，在于善尽自己对人群社会的一份责任。总目标在于帮助人生的价值创造，并以“明明德、亲民、止于至善”为基本纲领。其他的事宜，如领导、沟通、协调等，都是达成总目标的辅助技巧，和总目标、三纲领比较起来，属于细枝末节，不应该喧宾夺主、本末倒置。重视领导、沟通、协调，却做出违背总目标、三纲领的决策，那就适得其反，祸害无穷了。

明明是有始才有终，为什么不说“事有始终”，却说成“事有终始”呢？《易经》告诉我们，万事万物都是循环往复、终而复始的。任何一件事情，看似终了就完全结束，然而，往往刚宣告终了，就又引起新的变化，便是我们常说的“一波未平，一波又起”。后遗症的显现，又引起了一大堆待办事宜。所以，我们不但要慎始，一开始就做对事、找对人，而且要求善终，尽量减少不良的后遗症。慎始未必善终，所以特别提示“事有终始”，期望大家要预先考虑得更加周详，防患于未然。“物有本末，事有终始”是大家所熟知的事实，为了加强责任，慎防大意，所以特别说明决策的过程之后，提出这样的警示。从政者必须知所先后，才能接近政治的道理，也就是行道。

为什么说“近道”，却不直接说“行道”呢？科学家近几年来才悟出这样的道理：往昔科学家一直认为科学可以揭开真相，近年来才明白，原来科学不过是一条渐进线（approaching line）——越来越接近真相，却无法给我们真相。“近道”是指接近大道，由于充满了各种看得见和看不见的变量，所以始终维持动态的情况，并不可能完全静止。因此，我们再怎么努力、再怎么熟悉、再怎么专业，仍然只能“近道”，这提醒我们必须再接再厉，与时俱进，随时做好合理的调整，才不致误认为“上道”了，因而疏忽、自大，造成料想不到的遗憾。事物固然会循环往复、周而复始，毕竟每一次的情况仍然不太一样，必须谨慎小心，随时提高警觉为宜。

做好合理的决策，接下来便要据以实施，此时认清本末先后，保持慎始善终的心态，应该就是“近道”的表现了。

第二章

《大学》之八条目

经文（一）

古之欲明明德于天下者，先治其国；欲治其国者，先齐其家；欲齐其家者，先修其身；欲修其身者，先正其心；欲正其心者，先诚其意；欲诚其意者，先致其知；致知在格物。

今译

古代那些想要彰显人类的德行和德政于天下的人士，通常会先从治理自己的国家着手；要治理好国家，必先使自己的家族和睦相处，齐心协力；要把家族的亲人整治好，必先修养自己的品德；要修好自己的德行，必先端正自己的心思；要使自己的心无杂念，必先使自己的意念真诚；要求诚心诚意，必先使自己的知识广博明确；要获得广博明确的知识，在于认真地穷究事物的道理。

引述

古人希望将正道弘布于天下，所以高瞻远瞩，首先想到要从一国的安定繁荣做起；要让一国安定，就要先从使家族关系和谐、齐心协力做起；要使家族关系和谐、齐心协力，就要先从自身修养做起；要使自身修养成功，就要先从端正自己的心术做起；要使自己的心术端正，就要先从诚心诚意做起；要做到诚心诚意，就要先从获得智慧做起；要获得智慧，就要从穷究事物的原理做起。

从总体上看，平天下、治国、齐家、修身、正心、诚意、致知、格物，这八条目是结果导向的从大到小，即从天下到个人。其中平天下、治国、齐家三条是针对外我，修身、正心、诚意、致知、格物五条是针对内我。内我的终极目标是修身，外我的终极目标是平天下。这相当于修炼级别，你可以不达到最高级，但是必须要修炼，无论修到哪一级别，都是成功，并非未修到最高级别就是失败，毕竟人类迈出的每一步都是成功。

《中庸》曰："成己，仁也；成物，知也。""成"是完成的意思，完成自己这一生的责任，才叫作"成己"。在"格物、致知、诚意、正心、修身、齐家、治国、平天下"这八条目之中，"格、致、诚、正"都是以"修身"为目标，也就是"成己"的基础；但是，要完成这一生的责任，除了"成己"的功夫，还需要"成物"。如果说学问和道德是内在的"成己"，那么在事功上有具体的表现便是"成物"。"成己"即内圣，"成物"为外王，合起来称为"内圣外王"，代表人生责任的实践，已获得具体完成。

人生的责任是什么？我们依据《易经》"一阴一阳之谓道"的哲理来说明："阴"的方面，代表看不见的"修身"，经由"格物、致知、诚意、正心"来修治自己，也就是大家常说的充实自己；而“阳”的方面，表示看得见的事物，通过“齐家、治国、平天下”，由自己的家族推广到地球村，一步一步，提供服务、牺牲奉献，对社会人群做出良好的贡献。修己安人的历程，便是成己成物的道路。人人都应该以一己的聪明才智为人民服务，生时尽心尽力，公而忘私；死时毫无愧怍，心安理得，达到我们常说的“好死”。我们出生时哭着来到人世，务必修己安人，使自己最终能够笑着离开人世，才是真正完成“己欲立而立人，己欲达而达人”的任务，具体完成这一生的责任。

那么，金钱、物质、事业、婚姻、爱情、休闲、保健等事务，难道都不重要吗？为什么并没有提及呢？我们静下心来想一想，便立即明白，这些事情当然很重要，但是和八条目相比较，不过是细枝末节。八条目是本，这些事务是末，唯有建立在协助完成内圣外王的目标上，才有价值可言。倘若不能完成人生的责任，甚至妨碍人生责任的完成，岂不是毫无价值可言？金钱是完成责任的工具，它本身并不是目的；物质是成己成物的辅助物品；事业是成己成物的具体成果；婚姻和爱情、休闲与保健，也是成己成物的必需配套。换句话说，人生在世，一切的努力都是为了成己成物，最终目标则是求得“好死”。

人之所以成为万物之灵，主要在于负有“赞天地之化育”的责任，借着成己成物的努力，对天地提供最大的协助，对人群社会奉献合理的帮助。而成己成物推而广之，便是修己安人的政治使命。人人自觉，个个奋力，从自律、自主、自动做起，发挥一己的影响力，无论身处何方，担任什么职位，都不忘“格、致、诚、正、修、齐、治、平”的神圣任务，便是有责任感而又逐渐在完成的“成人”，较诸为国捐躯的“成仁”，两者同样都对得起自己、对得起家庭，也对得起社会。

人的一生，不过数十寒暑，即使现代医药发达、科技进步，也不过多活几年，终究必有一死。试问：“是生死重要，还是存亡要紧？个人的生死富贵和民族文化的存亡，哪一样更有价值？”我们可以说站在个人的立场，当然生死富贵重要，毕竟命只有一条，一旦死亡，一切便毫无作用；但是站在人类整体的立场，文化的发展远比个人的生死来得重要。中华民族自古以来，便具有争千秋不争一时的志气，往往置个人生死于度外，宁愿抛头颅、洒热血，为全体人类做出牺牲奉献，而死无遗憾。孔明“鞠躬尽瘁，死而后已”的伟大精神，不但感人至深，而且流芳万代。历史上多少帝王，我们为什么只记得黄帝、尧、舜、周文王、周武王、汉武帝、唐太宗、明太祖、清圣祖这几位？因为我们内心所共同敬仰的是内圣外王的神圣责任完成了多少，而不是荣华富贵享受到什么程度。

格物、致知、诚意、正心、修身、齐家、治国、平天下，是一以贯之的人生大道。把一个人从内发扬到外，由凭良心发展到为人类社会做出良好的贡献。以“成己”为基础，逐步完成“成物”的责任。孙中山先生指出：“中国有一段最有系统的政治哲学，在外国的大政治家还没有见到，还没有说到那样清楚的，就是《大学》中所说的格物、致知、诚意、正心、修身、齐家、治国、平天下那一段的话。”

经文（二）

物格而后知至，知至而后意诚，意诚而后心正，心正而后身修，身修而后家齐，家齐而后国治，国治而后天下平。

今译

透彻了解事物的道理，便可获得明确的知识；得到明确的知识，意念才能够真诚不妄；没有邪念、杂念，心思便能够端正；心思端正，便可以修好自己的品德；品德良好，才能使家族和睦相处，齐心协力；家族整治妥当，才能把自己的国家治理好；国家治理良好，天下太平，地球村自然能在世界大同的前提下，求同存异，共谋和平发展。

引述

《大学》是讲什么的呢？三纲八目。三大纲领：明明德，亲（新）民，止于至善（达到至善的和谐）。如何完成？八个层次，有先有后：格物、致知、诚意、正心、修身、齐家、治国、平天下。

本段是八条目以条件导向为序从小到大的延展，即从个人到天下。这反映了由易到难、由内而外、积小成大、一步一个脚印、扎扎实实进步的客观规律。

格物、致知、诚意、正心、修身这五条内我修炼是基础，可控性比较强，比外我更容易做到。格物就是通过对具体事物的研究获得知识。通过格物获得的知识积累到一定程度，会一点点转化为智慧，这就是致知。智慧也有一个逐步积累的过程，足够智慧的人一定会倾向于心诚的为人处世之道，即正心。心是一杆秤，心不正，称什么都不准，会影响对客观世界的判断力，然后导致不断的错误和失败。心志纯正、心胸开阔会使人的品格逐渐变得高尚，这就是修身。修身、正心、诚意、致知、格物都是一种修炼行为。

人类需要生活，生活需要知识，然而知识有真伪，往往很不容易明辨。现代信息发达，知识爆炸，加上传播神速，各种媒体，可以说已经无孔不入。现代人面对这种错综复杂的情况，最要紧的应该是选择和判断的能力。格物致知的修养对于现代人来说，实在至关紧要。因特网为我们提供快速搜寻的功能，古今中外的知识，几乎都可以在很短的时间内呈现。然而，正确与否，谁也不敢保证。此时，自己的选择和判断，便成为决定性的关键。现代人由于科技发展，物质生活丰盛，不但骄狂自大，而且不知反省。近年来气候异常，自然环境日趋恶劣，很多人只认为是大自然的反扑，完全不理会人类应有赞天地化育的责任。我们重温《大学》之道，其实是自己拯救自己的途径之一。

《中庸》说“博学之，审问之，慎思之，明辨之，笃行之”，这是追求知识的有效方法。“格物致知”最好能配合这五大步骤，由实践中获得真知。依据“一阴一阳之谓道”，有了真知灼见，相当于明白自然规律，还需要品德修养，也就是至诚不息才能够产生力量，发挥正面的效果。“格物致知”必须配合“诚意正心”，然后方向正确，力量充沛，便可以用来“修齐治平”，逐步完成人生的神圣责任。

我们常说取之于社会，用之于社会。“格、致、诚、正”，便是取之于社会。“修、齐、治、平”，才是真正的用之于社会。现代人经常说善尽社会责任，必须依照“修、齐、治、平”的次序，循序渐进，才能够显现出诚意正心。

《礼记·礼运》记载：“大道之行也，天下为公。”《易经》有“大有卦”和“同人卦”，合起来便是世界大同。天下为公，世界大同，应该成为现代地球村的基本原则，越早成为人类的共识，越能够促进和平发展。把“我们只有一个地球”的口号，化为共同努力的实际力量。现代人类能否生生不息？这是关键所在！

天下为公是尧、舜之前的大同世界，那种以天下为天下人所共有的时代。天下为公，人们不独爱护其所亲，不独施慈于儿女，更能够推己及人，把慈推广到社会，使老年人各得安享天年，壮年人各能贡献才力，善尽一分子的责任，造福社会人群。儿童得到良好的教育，鳏寡孤独以及残障人士都能够得到丰厚的供养。男性各尽自己的职务，女性各有自己的家庭，把家政治理好。

可惜自夏、商、周三代以来，大道隐而不现，天下成为一家一姓的财产，各人只爱护自己的亲人、自己的儿女。资源劳力都成为私人所有，别人很难分享。为了保护私产，不能没有城郭沟池这些坚固的防御工事，并且设置各种制度，划分田界，看重勇力和智能，把功绩当成个人的成果。于是乎，欺诈取巧的奸谋诡计便跟着发生，而争夺流血的惨剧也不断上演。

幸而孙中山先生倡导革命，号召同志推翻满清王朝，使帝王制度在中国历史上消失。但是，由“家天下”一下子变回“公天下”，确实会发生许多障碍，必须靠大家通力合作，尤其方向必须正确、方法必须有效，而方式也必须合乎中华民族的需求，不应当全盘西化，或是强将西方的自由、民主、人权等理念移植到东方，因为水土不服、人心不服、文化不合，人情义理也不合。

人类历经两次世界大战，加上核武器、化学战争的威力强大，似乎开始有所觉醒，知道战争太过残忍，而且不能解决问题，于是外交战、经济战、货币战、星际战纷纷出笼，但也都难以奏效。

我们反观大学之道，把这种五千年前就已经明白指出的政治哲学，拿出来好好运用，正本清源并继旧开新。最理想的方式，便是由“格物、致知”做起，彻底把这种具有真知灼见的宝贝，活用于当今的人类社会之中，相信将对全世界产生莫大帮助。对地球村作出贡献，其实就是“平天下”的表现。

经文（三）

自天子以至于庶人，壹是皆以修身为本。其本乱而末治者，否矣。其所厚者薄，而其所薄者厚，未之有也。

今译

从治理国家的天子，到一般老百姓，都要以修养自己的道德为根本基础。若是扰乱了这个根本，却要治理好家族、国家、天下，那是不可能的。应该重视的被忽略了，可以忽略的却受到重视，用这种本末倒置的方式想做好事情，这也同样是不可能的。

引述

“大学”是相对于“详训诂，明句读”的“小学”而言，讲的是治国安邦的“大学”，所以被称为大人之学。古人大体在八岁至十五岁入学，学习伦理、政治和哲学等“穷理正心，修礼治人”的学问，实则是学习如何参与国家政治。

但是，无论是贵为天子，还是平凡百姓，都应以修身为根本。也就是说，修身无贵贱贫富之分。修身这个“本”没有把握好，齐家、治国、平天下都是妄谈。修身是本，齐家治国平天下是末，所以要重视（厚）的是修身这个本，要忽视（轻）的是齐、治、平这个末；但这并不是说齐家、治国、平天下的重要性不如修身，而是说修身这道关卡还没通过，齐家、治国、平天下这三道关卡当然也过不了。“成己”是“成物”的基础，这是经常不变的原则。倘若修身做得不好，就想要“成物”，勉强齐家、治国、平天下，其效果如何当然可想而知。

《论语·学而》记载曾子所说：“吾日三省吾身：为人谋而不忠乎？与朋友交而不信乎？传不习乎？”我们可以每天留二十分钟给自己，用这三件事好好反省一番，作为修身的起点。必须行之有恒，养成习惯，才能收到成效。

再者，修身，千万不要望文生义，以至于把重点放在养生保健、明哲保身、整容美体、礼仪姿态上面。我们应该修的是“分”，“修分”，便是明白自己的本分，应该恪尽什么样的责任。在职场上有工作职责，在家庭中有父严母慈、兄友弟恭的责任，在社会上有守望相助、救急济难等责任。“天生我材必有用”，即是人人都有一份责任，不可不修。

现在的人常常喜欢制定目标，强化目标管理和结果导向型管理。之所以会这样，是源于急功近利的人性。把结果这个末当成了本，犯了“其所薄者厚”的毛病，最后常常是“有心栽花花不发”，可是重本轻末却往往能够收到“无心插柳柳成荫”的效果。可见，“知本”是人生最大的智慧之一（知之至）。

观古窥今，我们越来越清楚地发现，很多符合一般人性的东西常常是违反客观规律的，特别是在利益面前。利益的诱惑会导致本末倒置，这是人常常会犯的错误。

义为本，利为末；公利为本，私利为末；舍为本，得为末；做人为本，做事为末。诸如此类，不一而足。中国哲学的本末观：本末其实是一体的，本固，末自然就生。所以，即便真要追求理想的结果，也要重视根本，从源头上做起。

人类在某些方面，固然持续不断地进步，但是在某些方面，简直是退步得令人心惊胆战。按理说，人类既然创造了一般动物所不能创造的文明，就应该承担起万物之灵的责任，协助天地自然来化育万物。想不到现代人却在某些部分，以愈来愈像动物为时尚。最近，网络上还出现自称“非人”或“非人物种”的称呼；穿在身上的短衫，上面居然印有两个斗大的字——怪兽。好好的人不做，为什么要自称怪兽呢？答案非常简单，就是为了上电视。上不了电视，还可以自拍，上传网络，企求一夕爆红、名闻天下，却不管它是美名还是臭名。这种方式，是进步还是退步？倘若拿出来讨论，相信还是有人会大声疾呼：“当然是进步！”目的并无不同，只是为了要语惊四座、引人注目，甚至于有机会获得某些人的支持，赢得奖金。

见仁见智，原本是自古以来的人之常情，发展到今日，竟然成为不择手段出名的快捷方式。深入探究，便是不明白经典的不易特性，违背了《论语·季氏》所言：“君子有三畏，畏天命，畏大人，畏圣人之言。”我们敬畏天命，敬畏高位而德行高尚的人，敬畏圣人的话，是经过很长时间的体会、领悟和验证的过程，才流传下来的宝贵教训，怎么可以用时代不同了、潮流不一样的借口背弃而不用呢？

圣人的道理，告诉我们要“多问应该不应该，少问喜欢不喜欢”。“应该不应该”才是根本，相对来说“喜欢不喜欢”则是末节。现代人大多相反，将“喜欢就好”挂在嘴边，变成“凡事只问喜欢不喜欢，不问应该不应该”“只要我喜欢，有什么不可以？”这在往昔的年代简直是造反，但现代人却显得很有肚量，认为只要不理会他，让他张狂，反正物极必反，不久之后就会自动回头；用“这是必经的过程”“摸索的过程中难免如此”“自作自受，何须紧张”这类言语，来搪塞、推卸责任。殊不知一旦风气败坏，想要挽回，经常得付出巨大代价。一代又一代，代代之间，有相互传承的责任，要减少走冤枉路，以人力来加速否极泰来，而不是袖手旁观，冷眼看它败坏到几时。

第三章

三纲领之明明德

传文

《康诰》曰："克明德。"《大甲》曰："顾諟天之明命。"《帝典》曰："克明峻德。"皆自明也。

今译

《书经》的《康诰》里说："人人都能有光明的品德。"《太甲》里说："念念不忘这上天赋予的光明德性。"《帝典》里说："（尧）能发扬崇大的德性。"（文王、成汤、帝尧）都是经由认识自己的本性而实践光明美德的。

引述

古代凡是公文及信函，统称为书。《尚书》所收集的，大部分是古代的公文，先秦时代叫作《书》，汉初才称为《尚书》。后来人们把它列为群经之一，所以名为《书经》。

《书经》不仅是一部记事的书，除了记载事件与事实，作者也作出了评价，可以把它当作早期的政治哲学来看，从而对"治"和"乱"的根本原因，获得深一层的认识。

《书经》分《虞夏书》《商书》《周书》三大部分。《康诰》是《周书》中的一篇，是周公封康叔（周武王和周公之弟）时作的文告，指出先王（周武王的父亲，也就是周文王）能够公正地施人恩惠，谨慎地执行惩罚，不欺侮孤苦无依的人。周文王勤劳、敬慎，畏惧老天的威严，使百姓都能够达到光明的境界，所以上天才命令他消灭殷商，帮助周武王建立西周王朝。当时民智未开，借着“天意”来说明“仁政必兴”的道理，是一种以神道设教的方式。用现代的话来说，则是进行道德劝说，以劝人为善，勉励当政者要以仁政来治理国家，爱护百姓。我们相信，这是普天下共同的信仰。

《太甲》是《商书》中的一篇，同样用上天的明命，来提示做君王的道理。实际上“王”字三横，象征《易经》所说的三才（天、人、地），而当中一竖，表示调和这三者的关系，便是为政的最高准则。中华文化源自《易经》，而《易经》的象、数、理，完全从自然景象中领悟得来。王字贯通天、人、地三才，实际上就是通俗所说的“凭天地良心”（简称“天良”）做人做事的人，即为实践王道的王者。

《尧典》（即《帝典》）是《虞夏书》中的一篇，称赞尧帝敬慎、明达、文雅、有谋略、温和谦让，因此光辉普照四方，感动了天地神明。他能够发扬伟大的美德，使家族亲爱、和睦、融洽，并且辨明各官员的职守，使诸侯调协和顺。影响所及，百姓也都变得和善了。上行下效，是仁政最大的力量。

传文主要在说明“德本才末”的根本原则。根据传文可以把人才分为四等：第一等是“有德有才”，第二等是“有德无才”，第三等是“无德无才”，第四等则是“无德有才”。

才德兼备的人才，当然是最高等级。选贤举能主要的作用，便是把有德有才的人士推举出来，大家信任他，让他能够全心全力为公众服务。

一时找不到才德兼备的人，怎么办呢？只好退而求其次，找有德无才的人。这并不表示只有品德才重要，才能不重要。真正的用意，在于品德良好的人，具有忠诚、勤劳、负责等特质，我们可以信赖。若是请人教导他，派他去接受培训，便很容易把他所需要的才能加以补强。或者请有才能的人担任他的副手，相信一段时间之后，他就变得德才兼备了。

如果目前也找不到品德良好的人，为了推行工作，不得不找品德修养还不够好的人暂时充当。这时候，我们的原则是：虽然同样无德，但宁可找无才的人，不能用有才的人。为什么呢？因为无才的人，就算要恶搞，也搞不起来。若是无德而有才，不凭良心却很能干，结果如何？当然十分可怕！

做人做事、待人接物，合起来看便是做人的道理。为什么不说做事的道理呢？因为人做不好，一天到晚得罪人，得不到大家的信任和协助，怎么能够做好事情呢？做人做事，要做得好，有赖于上天的保佑，这样的念头绝非迷信。《易传》曾数次提到“自天佑之，吉无不利”，意思是指人要先能自己好好地做人做事，上天自然就会给予佑助。西方人把敬天、事天归入宗教范畴，而我们的敬天、事天，仍然是道德的表现。可见，我们所说的“天”，重在天理。天佑人，也就是天理协助凭良心的人，使其诸事顺适，万事如意。

在西方，良心（conscience）指违反义务时所产生的痛苦感觉，或者用以当作判断行为善恶的原则；但对于炎黄子孙来说，人的良心，表现在恻隐、羞恶、恭敬的心情。把这些感情向外扩充，就能明白什么叫作良心。我们认为，倘若没有良心，则法律、舆论、宗教等功能，永远是外在的力量，顶多产生威胁、恐吓的作用，无法转变为自律的良心。道德必须来自良心，否则只是一种习惯，很容易为外界的诱惑所改变，后果非常可怕。人不可能没有欲望，事实上，满足欲望的驱动力，也是我们求上进的积极力量。我们不可能断除所有的欲望，但是，我们也不可能纵欲，谁都知道欲望无穷尽，一旦放纵，永远没完没了，后果也十分可怕。我们所要做的，是合理节制自己的欲望，那就非得凭良心不可，因为只有自己才做得到止欲修行的功夫。人之初，性本善；人之将死，其言也善。人生的始与终，都是善的，为什么中间那一段，却大多不善呢？主要原因，即在离本而逐末。放眼人群，穷苦时每每呼喊老天，这时候人心最善，因为正处于不得意的时候；反过来看，当人们得意时，便不相信因果善恶，可见不穷不困，就容易忘本。

现代人口口声声追求自由，试问人生在世，有多大的自由？不能选择父母，不能选择顶头上司，不能选择居住的家宅，不能选择哪些人做邻居……就表示我们的自由实在很有限；但是，我们不要忘记，良心是十分自由的。我要凭良心，良心立即出现。孔子说：“我欲仁，斯仁至矣！”一念为仁，仁德和仁政立即可以展现。《论语·颜渊》指出："为仁由己，而由人乎哉！"《论语·卫灵公》曰："人能弘道，非道弘人。"《论语·子罕》记载："三军可夺帅也，匹夫不可夺志也。"充满了自由的良心，我们居然不要，却急急忙忙、辛辛苦苦去寻觅那些局限性很大的自由，岂不可笑！

历史故事

裴矩佞于隋而忠于唐的故事

裴矩原为隋文帝旧臣，监管西域与中原互通贸易之事。他访问西域的风俗、险要、酋长、姓氏、家族、物产、典章制度等，入朝上奏。隋炀帝很高兴，每天请他到皇宫，询问西域的事情。

隋炀帝驾临东都，裴矩劝炀帝在洛阳征调四方的奇技、杂戏，向戎狄夸耀强盛，整整一个月才停止。又命令市场店铺都架设帏帐，盛满酒食，派遣掌番率领蛮夷与汉人贸易，所到之处都让邀请就座，吃饱喝足而散。炀帝称赞裴矩很忠诚，说："裴矩很懂我的心思，大凡所上奏的，都是我想好的，我没有说出来，裴矩却说了出来。除非用心治理国家，不然怎么能如此呢？"

裴矩后来跟着炀帝到江都，义兵进入函谷关，炀帝向裴矩询问方略，裴矩说："太原发生变乱，京城不会太平，遥控处理，恐怕失去机会。希望您赶早返回，方可平定。"裴矩见天下将要发生动乱，担心祸及自身，每每用尽礼节对待别人，即使是下吏，都得到他的欢心。炀帝愈加昏庸奢侈，裴矩并不力谏，只是巴结谄媚而已。

唐太宗即位，惩治奸邪官吏，有一次听说许多案件都有受贿的人，就派人用财物去试探他们。有个官员接受了馈赠的一匹丝绢，太宗很生气，将要杀他，裴矩进谏说：“这个人接受贿赂，确实应该严惩，但陛下您用财物试探他们，接着施以极刑，这就是用罪来陷害别人，恐怕不合礼仪。”太宗采纳了他的意见，召集百官说：“裴矩竟然能够当廷辩驳，不肯当面顺从。如果每件事能像这样，何愁天下不能治理好！”

《资治通鉴》中写道：“古人有言，君明臣直。裴矩佞于隋而忠于唐，非其性之有变也。君恶闻其过，则忠化为佞；君乐闻直言，则佞化为忠。是知君者表也，臣者景也，表动则景随矣。”

裴矩先是隋炀帝杨广的臣子，隋炀帝喜欢听好话，裴矩就说奉承话。之后投降唐朝，做李世民的臣子，李世民喜欢犯颜直谏的臣子，裴矩就犯颜直谏，做出了很多贡献。

司马光对此的评价是：君主英明，臣子就会正直。裴矩谄媚于隋朝而忠诚于唐朝，不是他的本性发生了变化，而是他的上级（国君）发生了变化。国君厌恶听到自己的过错，忠诚就会变为奸伪；国君喜爱听到正直的言论，奸伪就会变为忠诚。所以君王是个计时的标杆，臣子是影子，标杆移动，影子就会跟着移动。君明臣直，这都是李世民“克明德”，从而影响了臣子，所谓“举直错诸枉，能使枉者直”。

现实生活中一些主要的干部，特别是“一把手”与掌握一定实权的分管干部，他们的作风好恶往往对下属有着强烈的导向作用。所以，喜舔的有人拍，喜贪的有人给，好色的有人送，种种腐败现象便由此蓬勃滋生。如果能够将这些都看破，认定做官就不是为个人捞好处，真的只是为人民造福，那么，那些当代巨贪又何所施其技？裴矩是中国官场上的一个特殊品种——非忠非佞非奸，勤勤恳恳，老辣练达，聪明颖悟，娴于世事，不贪贿，不奸巧，但他内心没有江山社稷，甚至连君主也没有，只有自己的小日子，凭自己的智慧和劳作获得承认，却在隋炀帝那里吃得开，在唐太宗那里也吃得开，这是中国封建社会中一种独特的为政之道。

第四章

三纲领之亲民

传文

汤之《盘铭》曰："苟日新，日日新，又日新。"《康诰》曰："作新民。"《诗》曰："周虽旧邦，其命维新。"是故君子无所不用其极。

今译

成汤沐浴用的器皿上刻着："要着实地每日洗去污垢而自新，每日都一定要如此自新，已经自新的，还是要不断地自新。"《康诰》里说："要鼓励、振作人们时时自我更新。"《诗经·大雅·文王》里说："周朝虽然是个老旧有历史的国家，却能够经常更新所禀受的天命。"所以在上位或有修养的人，都会尽一切力量和方法来自新。

引述

朱熹所订定的版本，此节传文名为"释新民"。把"亲民"改为"新民"，认为君子"既自明其明德，又当推己以及人，使之亦有以去其旧染之污也"。这种说法，应该是避开政治（德政）而偏重道德（德行）的方式，或许在当时有其不得已的苦衷，我们不得而知。

我们把新民改回来，恢复“亲民”，因为亲民原本就应该日新又新，与时俱进，才能符合时代的潮流，满足百姓的需求；但是亲民的本质，具有教化的作用，不能为了讨好百姓，而违背基本原则。这是现代民主以选票为决胜工具，很难避免的弊端，我们必须全力加以防止。何况一样米养百样人，社会上各种人都有，讨好了这一部分民众，另一部分也不一定满意。《论语·里仁篇》曰：“唯仁者，能好人，能恶人。”只有具备仁德的人，才能够公正地喜爱人，也能够公正地厌恶人。实施仁政，不可能全体民众都叫好。真正的仁者，应该是好人会支持叫好，而坏人反而会批评反对，否则成为滥好人，就是大家都厌恶的“乡原”，根本没有是非。

成汤因夏桀无道，兴兵讨伐，把夏桀流放在南巢，改国号为商。他在位三十年，把一些重要的警语刻在日常使用的盥洗盘上，当作自我警惕的铭词。我们现代常说的座右铭，与之具有同等的作用。譬如“苟日新，日日新，又日新”，便是提醒自己：今天又是新的一日，必须明明德、亲民、止于至善。站在以前所积累的经验和成果的基础上，做出某些合理的调整，务求持续不断地改善，一方面提升自己的仁德，另一方面也改善所施行的德政，使百姓更为满意而得以安足。

那时候还没有现代这些“求新求变”“新的一定比旧的好”“只要新奇，就急于尝试”等令人不安的观念和所造成的风气，大可放心地创新。现代人普遍缺乏这种“继旧开新”“返本求源”“持经达变”的修养，实在是近几百年来，教育界盲目仿效欧美，只学得表面却不能深入了解，便大胆喊出求新求变所造成的恶果。

以美国人为例，小学生并没有规定要穿制服，但事实上，大家都穿同样的衣服上学。因为每逢学期开始之前，父母为孩子购买新衣时，受到宣传广告的影响，宁可大排长龙，也要挤在同一品牌的商店前耐心排队，购买同一款式的衣服。我们呢？即使学校规定穿统一的制服，很多学生也各有花样，务求在“大同”之中做出一些“小异”，因为我们很不喜欢和别人穿着一模一样的服装。当部属的，如果和主管穿同一品牌、同样颜色的衣服，大多会很不自在，主管表面上不吭声，内心其实很不高兴。

一般来说，西方人比较不善变，可以放心地求新求变。我们有《易经》，自古以来就很善变。中华民族喜欢自作主张，擅自改变，又十分机灵，随时可以说出一大堆理由，作为替自己辩护的言词，以强调其正当性，这应该是相当普遍的事实。现代人往往站在西方的标准，认为这样不好，要向西方学习。实际上，现代环境越变越快，“应变力”已经是现代人所必备的生活能力之一。只要能够“持经达变”——有原则地应变，而不是没有原则地乱变，就应该是值得鼓励、受到大家欢迎的表现。

《书经·周书·康诰》记载周武王对他弟弟康叔说：担任诸侯的职位，如同病痛在你身上一般，要特别谨慎。上天是威严的，它是不是诚心地帮助你，往往要通过臣民的情绪表现出来，还要自己更加努力。百姓是不容易保护的，必须竭尽心思，不能贪图安逸享乐，才能治理好公众事务。我（武王自称）听说怨恨不存在大，也不存在小。要顺从所不愿意顺从的意见，（因为应该做的，就算自己并不喜欢，也必须尽力去做。）你（指康叔）的职责是维护周室王朝，安定殷商遗民，也就是协助天子来度量老天的使命，促使殷商人民成为新的周国民众。“作新民”的意思，即在感化原有的殷商百姓，使他们能变成良好的周朝民众，这种德政，便是周王寄望康叔以德行施德政的一番苦心美意。

《诗经》说：周朝（对后代来说）虽然是旧邦，但是传到文王（那时候称为西伯），却能够自新德政，普及百姓，接受老天所赋予的新使命。

传文举出这些例子，用意在说明，有道的君王对于亲民无不十分重视。为民服务，必须以民为本，视民为贵，才能贴近民意，施以合理的教化。通过亲民来教化，应该是令人心悦诚服的有效途径。

大学之道，以亲民为核心，先求自己凭良心，还要随时体察民情，配合各种变数，做出合理的调整。百姓人人心中有一把尺，称为“心中有数”，所以“公道自在人心”，就成为从政者最大的保障。我们不需要西方所重视的“制衡”，只要明白老百姓的眼光是雪亮的，人人心中有一把尺，日久知人心，自然会有公道的评价。如此一来，自然就能凭良心、立公心，时时用心调整。一方面提升自己的品德修养，另一方面改善德政，当然亲民得人心。

“亲民”包括“新民”在内，不亲民何以新民？非新民又如何能够亲民？俗语说“族大有乞丐”，家族的人口众多，就难免有人沦为乞丐。何况国家之人民数量持续增加，良莠不齐，其中失于家教的不安分子，岂能顺从他、讨好他？当然要想办法“新”他，也就是使其获得教化，变成新人。亲民必须从家中做起，每一个家族，都要重视家教。我们所说的家教，意指家政为国政的基础。要求国政良好，必须从家政做起，而要求家政合理，当然不能不重视修身，所以《大学》指出：“自天子以至于庶人，壹是皆以修身为本。”为什么说“壹是”？意思就是每一个人都应该如此，不可以有例外。倘若能够普遍自觉，人人自律，亲民的效果，当然可以很快地顺利显现。我们并不反对法治，实际上，德政必须以法治为基础。只要法治加上凭良心，也就是立法凭良心、司法凭良心、执法也凭良心，那就称为德治，也称为礼治——以仁德和德政，来完成大家所向往的德治。

第五章

三纲领之止于至善

传文

《诗》云："邦畿（jī）千里，惟民所止。"《诗》云："缗（mín）蛮黄鸟，止于丘隅。"子曰："于止，知其所止，可以人而不如鸟乎？"《诗》云："穆穆文王，於（wū）缉熙敬止。"为人君，止于仁；为人臣，止于敬；为人子，止于孝；为人父，止于慈；与国人交，止于信。

《诗》云："瞻彼淇澳，菉竹猗猗。有斐君子，如切如磋，如琢如磨。瑟兮僩（xiàn）兮，赫兮喧兮。有斐君子，终不可諠兮！"如切如磋者，道学也；如琢如磨者，自修也；瑟兮僩兮者，恂栗也；赫兮喧兮者，威仪也；有斐君子，终不可諠兮者，道盛德至善，民之不能忘也。《诗》云："於戏（wūhū）！前王不忘。"君子贤其贤而亲其亲，小人乐其乐而利其利，此以没世不忘也。

今译

《诗经·商颂·玄鸟》里说："国都和邻近的土地，有千里那么广大，是百姓愿意居住生活的地方。”《诗经·小雅·缗蛮》里说：“缗蛮缗蛮叫着的黄鸟，虽然只是小小的鸟，却也知道在山高树多的地方筑巢栖息。”孔子说：“（黄鸟这样的小鸟）在需要栖息的时候，都会选择一个适合它的好去处，身为万物之灵的人类，怎么可以反而不如小鸟呢？”《诗经·大雅·文王》里说：“美德穆然深远的文王啊，他还是继续不断发扬光大、重视保持（美德）。”文王身为团体领袖的角色时，他保持仁爱的美德；身为团体干部的角色时，他保持恭敬的美德；身为子女的角色时，他保持孝敬的美德；身为父母的角色时，他保持慈爱的美德；和百姓往来时，他保持诚实不虚假的美德。

《诗经·卫风·淇澳（yù）》里说：“你看那淇水岸边的弯曲处，绿色的竹子长得多么美丽茂盛！文质彬彬的卫武公，研究学问如加工骨器，不断切磋；修炼自己如打磨美玉，反复琢磨。他（卫武公）端庄严谨、勇武坚毅，是那么的光明正大；像他这样文采风流的君子，人们终究是不会忘记的！”这里的“如切如磋”，是说明卫武公做学问的态度；“如琢如磨”是解释卫武公修养品德的用心；“瑟兮僩兮”是形容卫武公谨慎小心的样子；“赫兮喧兮”是指卫武公仪态坦然威严；“有斐君子，终不可谊兮”，是说卫武公的盛大美德几近于完美，使得人们无法忘记。《诗经·周颂·烈文》里说：“哎呀，文王、武王这两位君王虽然早已去世，天下之人仍然思慕他们的功德而不能忘记。”君子们能以前代的君主为榜样，尊重贤人，亲近亲人，老百姓都蒙受恩泽，享受安乐，这就是为什么在文王、武王去世很久以后，人们还是追念思慕他们，不能忘怀的缘故。

引述

人生的目的，不在于趋吉避凶，而在于求得“好死”。“这个家伙不得好死”，历来是我们骂人最恶毒的话语之一，简直可以说是令人战栗的咒语。

“止”这个字，有居住、停息、终极的意思。对于人生来说，止于至善便是终能获得好死，心安理得地含笑离开人世；对于工作而言，便是有一份合乎自己意愿的事务，不但可以当作职业得以谋生，而且能够视同志业，愿意奉献一生；对于处事来说，则是站在正确的立场，作出合理的贡献。

汉朝把止于至善，偏重在居的方面，认为止于至善，就是居于至善的地步而不再迁移，因而主张明明德、新民，都应该止于至善之地而不迁。甚至于推论出，至善既然是事理当然的极致，那就应该去绝个人的欲望，一切按天理而行。结果口头上自称“宦海半生，清风两袖”，实际上都贪污腐败，愧对百姓。这种口是心非的乱象，有史以来，实在不胜枚举，主要成因在于自命清高，实际上根本不可能做到。

宋朝儒者倡导的去人欲以存天理，不符合心性要求，所以考试时写得头头是道，实际上却自欺欺人。因为人有七情，既不能去，也不能不去，这才合乎“一阴一阳之谓道”的原则。去与不去之间，必然有一个此时此地的合理点，这才是至善。时时刻刻都调整到合理，才是真正的止于至善。

时时调整，那不是朝令夕改，让人不知如何适应吗？《易经》有“不易”和“变易”两大因素，并没有不变的字眼。“不易”并不是不变，而是比变易来得长久，相对地不易，并非长远都不变。古代流传下来的经，有常则的效能，有恒久的意味，然而与时俱进，便是继旧开新、持经达变的表现。《大学》之道，随着时代的变迁，做出合乎潮流的诠释，以保持其可行性与有效性，便是我们共同努力的目标。

《诗经》代表中华文化温柔敦厚、仁爱和平的精神，不但是一部优美的文学作品，而且是一本高尚的文化教材，对于研究古代政治、经济和社会生活提供了十分宝贵的史料。王畿之地，指君王所管辖的领土，虽然只有千里，但是四海之民，都主动前来归附。

由于归附的人越来越多，以致殷高宗当时的领土之广，大到与黄河相终始。“惟民所止”，表示直接向殷高宗纳粮的人民所居住的那些地区，但是德政的感召能力，早已远远扩展到领土之外的人民身上。

良禽择木而栖，良臣择主而事。孔子感慨地表示：在知其所止方面，难道人还不如鸟吗？

“穆穆”是奋勉的意思，“穆穆文王”是用来赞美周文王的奋勉精进，能够持续并扩大其恭敬的德行，因此顺利推翻商朝，使商朝的人民感受文王的德政，而归心于周。

“知止”是每一个人都应该做的事情，但是人各有分，“分”不同，“止”的所在也不一样。“为人君，止于仁”，以仁德施仁政，是君王应尽的责任；“为人臣，止于敬”，对有道明君，当然要恭敬，并全心全力配合，把应负的责任用心完成；“为人子，止于孝”，为人子女，倘若没有父母的生育教化，怎么能够顺利长大，成为有用的人？所以子女孝敬父母，是天经地义的事情，根本不用怀疑；“为人父，止于慈”，父代表父母，对子女慈爱，是应尽的责任；“与国人交”，其实就是“为人友，止于信”，必须以互相信任为共同的要求。适可而止，便是止于至善的标准，因此，这个标准是变动、不固定的。

卫国在现代河南汲县一带，卫武公一直到九十五岁，依然自强不息地自己检核、反省，严格地修治自己，希望减少过失。《诗经·卫风·淇澳》这一首诗，为了赞美卫武公的德政，用淇水岸边弯曲的地方长出很多美丽多姿的绿竹，来譬喻这位文采斐然的君子，并称赞卫武公的进德修业，有如玉石工匠那样，致力于切磋琢磨，精益求精。他那种令人敬服的举措，使人印象深刻，永远不能忘记。

“颂”的目的，在表扬祖先的精神。现在常说的歌功颂德，作为褒义就是用来对祖先表达怀念和感谢的心意，应该是好事，可以唤起大家的记忆，不忘发扬祖先的精神；然而，若是对活着的人歌功颂德，那就要名实相符，否则会让人家在背后讥讽为拍马逢迎，对双方都不利。《诗经》收有《周颂》《鲁颂》《商颂》，作者多为士大夫，所以文体庄严正大。《烈文》是《周颂》中的一篇，是成王即位祭祀祖先时，戒勉助祭诸侯的诗，主要内容在唤醒助祭的诸侯，不要忘记前王的功绩德行。

我们中华民族是人本位的文化，天大地大人也大。人是天地的承接者，具有助天地化育万物的神圣责任，因此拥有高度的自主性和优良的创造性。人的尊严，表现在自反、自觉、自律和自主。所以我们的人群社会，没有什么戒律，只有圣贤当作我们的典范，大家主动向这些共同敬仰的伟大人士模仿学习，敬畏天地自然，敬大人，也敬畏圣贤所说的道理。我们只接受合理的规定，不听从不合理的指示。因此重视礼治，也就是合理的措施。进一步则提升为德治，倡导以德服人，得人心者昌盛。

止于至善，长久以来一直被解释为要做到极为完善的地步而坚持不变。一方面，把标准定得太高，使大家心生畏惧，反而只把它当作应付考试的答案，实际上不敢承诺，更不能付诸实践。考试时又以这样的答案为高分，导致成绩优良的人做起事来经常令人失望。以考试选择人才，实在不是有效的途径。另一方面，把“止”看做坚持不变，也违反“一阴一阳之谓道”的根本精神。“止”不应该固定不变，它的真正含义应该是当止则止，当进则进，还要加上当退即退。“止”是动态的，随着时空的变迁，必须做出合理的调整，才能真正做到止于至善的地步。

合理不合理？实在很难说，见仁见智，各有不同的标准，立场不一样，看法也不可能相同。我们经常会发现，某些人一旦职位变动，说法也会立刻随之改变。也许有人会说：“换了位子，难道也换了脑袋？”实际上，换位子却不换脑袋，又何以适应新的职位？修身是修自己那一份，当那一份有所调整时，我们就应该及时调整自己的立场，以求适时应变，在动态中获得合理的平衡点。但是，平日的品德修养，长久地获得大众的信任，则是大家能不能认同、拥戴、支持的基础，说起来就是凭良心做事，加上日久见人心。

实际上能不能止于至善，品德修养有关键性的影响。品德良好，很可能歪打正着。原本不合理的，由于内外环境的变迁，刚好符合当时当地的需求，一夜之间，变得很合理。本来很合理的，同样由于内外环境的变化，为大众所责骂，也是常见的情形。得道多助，老天只保佑道德修养良好的人，这种说法并非迷信。天助自助，应该是人生自作自受的最佳见证。有些人聪明一世，却糊涂一时；有些人糊里糊涂，关键时刻却能及时苏醒，这就是具体的证明。

历史故事

曹丕辱杀于禁的故事

于禁是曹操麾下外姓第一将，早期随鲍信起兵讨黄巾军，后来又一起归附曹操，被任为军司马，跟随曹操四处征战，屡建功勋。

建安二十四年，关羽包围曹仁，于禁率军救援，时汉水泛滥，所部七军被淹，于禁放弃抵抗而被俘，被关押在江陵，而曹仁的部下庞德却不屈被杀。后来关羽被孙权所破，于禁被送回魏国，那时他已经须发皆白，面容憔悴，见了皇帝泪流满面。曹丕下诏说于禁兵败是洪水暴发所致，不是军事指挥上的错误，之后又命于禁去高陵祭拜曹操，并预先在陵中画有他战败降敌、伏地乞命，而庞德愤怒不屈的图画。于禁见后，又羞又恼，气郁成疾，不久病死。

《资治通鉴》中写道：“于禁将数万众，败不能死，生降于敌，既而复归。文帝废之可也，杀之可也，乃画陵屋以辱之，斯为不君矣！”

于禁率领几万士兵被打败了，没有死，却向敌人投降，最后又回来，可以说是晚节不保。曹丕把他废除也好，杀了也好，都属正常，但是命人在曹操的陵墓内画图来羞辱于禁，不是一个君王的所为。所以，司马光评价曹丕没有君主风度。

于禁为什么没有像庞德一样为国捐躯呢？于禁因贪生怕死而投降关羽的说法由来已久，生死关头，于禁露出了求生的欲望也不无可能；但是从于禁生平的经历来看，实在无法得出其贪生怕死的结论。那么，为什么于禁会做出投降之举呢？我们可否这样设想：于禁会不会是因为顾及部下的生命，不愿自己的士兵白白送死而被迫投降呢？

作为一代名将，于禁立下了无数战功，声名显赫；作为战俘，于禁没有选择杀身成仁，这在传统的东方文化中很容易遭人诟病。掩卷而思，倘若我们处在当时于禁的位置，又会做出何种抉择呢？

第六章

三纲领之本末

传文

子曰："听讼，吾犹人也，必也使无讼乎！"无情者不得尽其辞，大畏民志。此谓知本。

今译

孔子说："说到听取诉讼争议、审理判断是非曲直，我和一般人的做法也没有什么太大的不同，必要的是，要设法使诉讼这类事情根本不会发生！"让那些没有理据的人无法虚妄狡辩，使得人人都害怕自己会良心不安，而不愿意做任何虚假无理的事。这就是"知晓根本"，明白根本的道理。

引述

传文所引孔子的话，出现在《论语·颜渊》。它和《易经》第六卦，也就是讼卦，有十分密切的关系。诉讼的意思，是请求司法机关依法裁判。在现代社会，诉讼已经成为司空见惯的事情，有如家常便饭。大家相争不下，又不服中间人的调解，于是委请律师，一纸告上公堂，似乎是法治社会的常态。孔子当年并非没有争讼，和现代相较，不过是形式上的不同而已。然而，孔子为什么主张无讼，要大家尽量减少诉讼呢？

我们看看《易经》的讼卦，一开始就提示大家：诉讼的起因，是彼此的诚信出了问题，互不信任，这才引起争讼。对于这种事情，必须保持高度警惕，因为诉讼的结果是“中吉，终凶”。坚持合理而不偏颇，固然可能获得胜诉，但无论是对胜方还是败方而言，终究都是凶险。

法律面前人人平等，只要依法提出申诉，法院就会受理，但是进入法律程序之后，那就变化多端，谁也料不定。委托律师要花钱，名律师开价很高，请不请得起？划不划得来？办案的法官公不公正？要不要人情关系？有没有效？会不会弄巧成拙，反而对自己不利？什么时间开庭？会拖多久？被告会不会施加压力、玩弄花样、耍特权？种种变量，谁都无法把握，令人心生不安。

特权不可能不存在，这是全世界共有的现象。特权不可能消除，它只会随机做出转移。在资本主义社会，有钱便享有特权，美其名为“缴税大户”，因此要求更多的保护。警察对富人区的安全防护工作格外小心，至于穷人区，那就依法办理，有事发生时，迟到一些往往更为安全，急什么？全世界都有贫富的差距，不论富有的人怎么想，对于贫者而言，富者永远是享受特权的一族。我们可以这么说，由于立场不一样，对特权的看法并不相同；然而人心不平，则是普遍的现象，例如坐着的人，常常认为站着比较舒服；而站着的人，则认为坐着才更愉快。全世界的飞机场都有贵宾通道，问题是什么样的人士才算贵宾，实际上并没有一致的标准。所以，只要有人存在的地方，就会有抱怨声浪，指责社会不公，这似乎是全世界的通例，用不着大惊小怪。

最好的办法，唯有改变自己的观念，把“平等”当作理想，永远值得追求，却永远做不到，因为只要人活着，就不可能人人平等，我们所能获得的不过是“合理的不公平”。“天生我材必有用”，这句话当然是真理，然而，每个人各有不同的“用”，各有不一样的“名”和“分”，则是社会的公理。我们生活在公理之中，就必须接受“只要活着，有一口气在，就不能没大没小，一定要守分”的道理。把“合理的不公平”看成“合理的公平”，调整好自己的心态，当然就能心安理得，凡事“看开”而非“看破”，深知合理的重要性，自然就能随遇而安。

我国古圣先贤，不谈政治则已，一提及政治，无不承认人活着就必须有情。因为人而无情，何以为人？人生最要紧的，是生活；生活最重要的，是人情；人情最可怕的，是不合理。所以人生而有情，但是必须合理，只有合理的人情，才适用“法律不外乎人情”的规则；否则，不合理的人情包袱，只会造成更大的不公平，以致破坏了社会秩序，毁坏了人群和谐，造成大家互不信任，导致更多的不平则鸣。一旦争讼多而伤和气，如何能够享有安宁、和平的生活？儒家倡导人情义理并重，用仁义来善诱人情。《礼记·礼运》说：“父慈、子孝、兄良、弟悌、夫义、妇听、长惠、幼顺、君仁、臣忠。”这十义是人人必修的课程，也是减少争讼的良方。

《易经》讼卦说：“君子以作事谋始。”我们开口说话、动手做事之前，必须先进行周密的考虑，将心比心，事先做好预防，以避免争讼。

诉讼是末，引起诉讼的动机，才是根本。在争讼发生之前，就断绝诉讼的念头，才是“必也使无讼乎”的根本办法。《易经》的讼卦，并不是鼓励我们兴讼、教导大家诉诸公庭的方法，而是期望大家在遇到不平、感觉委屈的时候，最好能够将心比心，想一想自己，也想一想对方的立场，设法加强沟通，或者委请双方都能信任的中间人居中调解，以求平息纷争。法官也经常以庭外和解的方式，来劝导诉讼双方以和为贵。

第七章

八条目之格物致知

传文

所谓致知在格物者，言欲致吾之知，在即物而穷其理也。盖人心之灵，莫不有知；而天下之物，莫不有理，惟于理有未穷，故其知有不尽也。是以大学始教，必使学者即凡天下之物，莫不因其已知之理而益穷之，以求至乎其极。至于用力之久，而一旦豁然贯通焉，则众物之表里精粗无不到，而吾心之全体大用无不明矣。此谓物格，此谓知之至也。

今译

《大学》经文所说的“致知在格物”，意指要想获得、传达某一种知识，关键在于必须用心面对当前的事物，穷究其中的性理。因为人的心是灵明的，没有一个人不具有识见，而天下的事物，也没有一件不具有性理，只是一般人对事物的性理并未研究得透彻穷尽，因此所获得的知识，无法达到知无不尽的地步。所以《大学》教人，必定先使求学者对于天下的事物，都能用已知的道理作为基础，更进一步去深究，以求明白得十分透彻。用心钻研的时间久了，有朝一日，心窍就能顿时开悟，把事物的性理想通了。对于一切事物的里里外外，都明白得很精细，同时，对于自己的心性和精神所产生的作用，也能完全明了，这就是格物的功夫。把事物的性理穷究透彻，也就是探索知识的极致。

引述

大学之道，由格物到平天下，是一贯的、不能中断的。格物和致知，诚意和正心，正好是一阴一阳的配合，目的只有一个，那就是修身。接下来，若把修、齐、治、平分开来看，似乎是四个阶段、四种进程，但实际上则合而为一，密不可分。

“格物”，格什么？怎么格？必须自己去学习、体验，才能真正明白究竟这是一门什么样的功夫。格物是做学问的基本方法，把观察所得的事物，逐一加以分类，放置在架子上的格子里，这是格物的第一步。接下来，把每一格的事物，分别分析、研究，并且把不同格子的事物，加以比较、分辨其异同。

格物是为了致知，否则有什么用？致知才能意诚，而意诚导致心正，环环相扣，不可分解开来，单独理解。站在平天下的立场来治国，站在治国的立场来齐家，站在齐家的立场来修身。这种一贯之道，是连续的，层层相依。因此，站在修身的立场来做好“格—致—诚—正”的功夫，才是大学之道的一贯精神。我们为人生而做学问，并不是为做学问而活着。这种本末关系，必须预先做好、厘清。格物、致知、诚意、正心，都应该应用在日常生活当中；对事物的观察、研究、分析、比较、实验、证明，都是居于生活的实际需要，否则为学问而学问，无济于人生的实用，岂非天下本无事，庸人自扰之？徒然使得许多人从小便承受重大的课业压力，对教育产生反感，导致从学校逃离（我们称为毕业）之后，便发誓这辈子再也不读书（谈不上做学问）。之所以会发生这样的情况，实在是长久以来不正常教育所造成的严重后果。

我们不反对少数人把做学问当作一生的志业，他们对学问的应用，未必有具体的贡献，却对学问的深究，产生了很大的作用，值得我们敬重。

对于多数人来说，格物的目的，是为了生活上的应用，此时就要提高警觉，使品德和知识兼顾并重。因为缺乏品德修养的意识，很容易造成玩物丧志的危害。

一切事物，固然有其个别的特性，但由于都属于宇宙自然中的一分子，必然就会拥有共同的通性。朱子所说的“即物而穷其理”，应该是先就眼前的事物加以探究，而最合适的态度，便是向自然学习、以自然为师，以自然作为判断的标准。合乎自然的道理，当然可以接受；不合乎自然的，必须反复推究，更深一层去了解。当我们“格”过若干事物的性理之后，再使用归纳法，找出其共通的原则，然后尝试用这些共通的原则来“格”其他的事物，逐渐累积知识和经验，应该就可以做好“格物致知”的功夫。

古人所说的格物致知，便是现代我们所说的科学，包括物理、化学、生物等，完全以大自然的现象作为观察和研究的基础；但是现代科学相信“眼见为实”，把研究的对象局限在看得见的有形事物上。《大学》所说的格物，范围比科学要广泛得多，所有的物，不论有形还是无形，都列入研究的对象。《易经》所说的天、地、人、鬼、神，也都在格物致知的范围之列。我们相信“眼见为真”，比“眼见为实”更加接近真相，因为科学证明，我们所看见的是由视觉感应形成的物像，并不是眼外的真物。我们所看见的物像，只存在于我们主观的脑海视觉区，并非实物，所以叫作虚物或虚像。我们把眼见的虚物当真，即是眼见为真，这样是不是自己欺骗自己，把假的当作真的呢？其实不尽然。同样依据科学，不真的虚物来自真物，我们只能说它是虚的，却不能说它是假的。我们眼睛所见的，是虚物而不是假物，应该把它当作“真”的来看待。

致知的时候，务必记取孔子的至理名言：“知之为知之，不知为不知，是知也。”它告诉我们，知有阴阳之分，也就是有正有负，知之为正，不知为负。我们眼见为真，由观察现象获得很多知识，此时必须提醒自己，这样的知识，不过是一部分，而且是正是负，还不能确定。我们把这一部分的知，当作“知之”，接下来便要追寻另外“不知”的部分。既知道自己知之的部分，又明白自己不知的部分，才能获得完整的知识，所以我们才把知识称为“学问”——既要学又要问。现代很多人只学不问，陷入迷信；很多人只问不学，仅得一知半解。把“science”译成“科学”，意为所获得的知识，大多属于眼见为实的，最好将之译为“学问”，才能促使我们学了还要问“为什么”。如此，才符合“知之为知之，不知为不知”的知识规律。

只学不问，全盘接受，特别在现代网络世界，更是十分危险。因为信息发达，真假混淆，谁也分辨不清，必须学了还要问，才不致蒙受其害。

《中庸》所提示的“博学之，审问之，慎思之，明辨之，笃行之”，可以当作格物致知的程序和方法，兹简述其要点如下，以供参考。

（1）博学之。广博的学习，扩大知识的范围，使自己的学识日愈广大而深厚。勤学、时习、温故、知新，这些都是博学的有效方法。平日多留意所接触的事物，从实践中学习、在行动中求知，实在是既方便又有效的途径。

（2）审问之。详细的求教，只要问对人、问对事，通常会对增长自己的知识有很大的帮助。在求教于他人之前，自己必须做好充分准备。因为被请教的人，通常会依据向他请教的人的态度和诚意，做出不一样的解答。我们当然不能问道于盲，徒增自己的困扰；却也不应该盲目请教，让别人看不起，甚至于不愿意解答我们的问题。

（3）慎思之。慎重的思虑，才能将所学的知识融会贯通。遇到互有矛盾或冲突之处，必须进一步探究其原因，或是请教高明，然后再次用心思虑和领悟。《论语·为政》指出：“学而不思则罔，思而不学则殆。”只知道学习而不能用心思虑，就会经常迷惘，而无法明白其中的道理；单凭空想，却不能实际体验，那是十分危险的事情。可见慎思和博学、审问，三者关系十分密切，若能联合运用，将有助于明辨是非。

（4）明辨之。明白的辨别，有助于是非、真伪、正反、同异、善恶的分辨，以免成为是非不明的乡原。有些人经常说出一些似是而非的话，乍听之下颇有道理，但深思熟虑之后，便会发现不堪一击且流弊百出。这是由于平日格物致知时，缺乏明辨的功夫，不慎陷入望文生义、不求甚解而又自以为是的陷阱中所造成。倘若以讹传讹，更是祸患无穷。

（5）笃行之。切实的力行，具有实证的效果。我们格物致知，经过博学、审问、慎思、明辨等过程之后，若是能再进一步，于日常生活中躬亲实践，付诸实行，对自己的实力给予严格的考验，应该就是了解自己、明白自己实力的最佳方式。知人不易，知己尤其困难，透过笃行的方式了解自己，实在是自我觉知、觉醒的良好途径。

致知的范围十分广泛，有专业的，也有共通的通识。我们最好采取拱形的进程，先通而后求专，然后进而求通。最初的“看山是山，看水是水”，可以说是初步的通识，也就是对山水自然的性理，具备了普遍而粗浅的认知。接下来“看山不是山，看水不是水”，对山水自然的认识，比通识广大一些也深厚许多。最后还是要“看山是山，看水是水”，才能够返璞归真，与自然水乳交融，浑然同体。

知的进程，通常由“知物”开始，然后“知人”“知性”“知命”“知天”。我们最常说的“知道”，应该是一种综合性的通称，因为“知物”“知人”“知性”“知命”“知天”，还有十分重要的“知己”，都包含在“知道”之中。

《中庸》曰：“或生而知之，或学而知之，或困而知之，及其知之一也；或安而行之，或利而行之，或勉强而行之，及其成功一也。”从“知”的方面而言，有些知识是天生的，不待学习就知道了；有些知识必须通过学习才能够明白；还有些知识，要经过困勉苦学才有办法了解。至于行的方面，有些人心安理得就去实行，有些人有利可图才愿意实行，有些人则是在被勉强的情况下才去实行。我们最好反省，究竟自己是“生知、安行”“学知、利行”的人，还是“困知、勉强而行”的人，以便选择合适的修养方法，使自己能有所精进。

我们重视知行合一，因此，从实践中检验自己格物致知的成果，应该最合乎我们的要求。“知”的用意，是把我们原先不知道的变成知道；“行”则是把我们已经知道的付诸实践，并且养成习惯，使其自然而然，合理地应用于日常生活当中。不但要用，而且要用得合理。然而合理或不合理，标准经常是变动的。所以与时俱进，随时做好阶段性调整，可说是我们长久以来“持经达变”，即有原则却必须随时应变的具体表现。

第八章

八条目之诚意

传文

所谓诚其意者，毋自欺也，如恶（wù）恶（è）臭，如好（hào）好（hǎo）色，此之谓自谦（qiè），故君子必慎其独也！小人闲居为不善，无所不至，见君子而后厌（yā）然，掩其不善，而著其善。人之视己，如见其肺肝然，则何益矣？此谓诚于中，形于外，故君子必慎其独也。

曾子曰："十目所视，十手所指，其严乎！"富润屋，德润身，心广体胖，故君子必诚其意。

今译

《大学》经文所说的"诚其意"，是指不欺骗自己，例如，闻到难闻的气味就感觉厌恶，看到美好的事物就感觉喜好，这就是能看出自己的不足，也坦承自己不足的人，所以君子必须特别谨慎真诚地去了解自己独处时的内心世界。小人闲居独处时，什么坏事都做得出来，见到君子，便显露出遮遮掩掩的神态，隐藏做坏事的一面，而刻意显露出善良的一面。其实在别人眼里看来，就好像看穿了他的五脏六腑一样，那些虚伪的表现，又有什么用处呢？只要是发自内心，就一定会显露于外表，所以君子在离群独处时，也必定要真实地面对自己。

曾子说："要像有十只眼睛盯着自己，十只手指着自己那样，这是多么严密的监督啊！"财富可以将房屋装修得富丽堂皇，道德可以将身心修饰得高尚可敬，心胸开阔无需隐藏遮掩，身体就得以安泰舒适。所以，君子一定要锻炼自己，养成内心真诚的习惯。

引述

传文首先提出"毋自欺也"。西方社会重视不要欺骗他人，中华文化则是"毋自欺"，也就是不要骗自己。西方人重于向外求，而我们知道"一阴一阳之谓道"，明白欺人和自欺是分不开的。自欺是本，欺人则为末。不自欺的人，不欺骗自己，怎么会欺骗他人呢？本立而道生，把根本的"毋自欺"掌握好，所产生的一阴一阳之道，也就是自欺和欺人，就全都理顺了。我们重视"毋自欺"，实际上是既不自欺，也不欺人。因为自欺才会欺人，而欺人等于自欺，两者是"一而二，二而一"，也就是我们常说的"亦一亦二"。这是《易经》的思维，现代人反而大多不熟悉，以致在比较中外文化差异时，经常将中西文化视为相对，甚至作出相反的对比，这是不正确的。

《易经》为群经之首，也就是中华文化的总源头，既然"一阴一阳之谓道"，中华文化就不可能有所偏颇，而看不到其整体性。全世界既有的想法，我们也都有，要不然凭什么说"易道广大，无所不包”呢？易道不但包容性很大，而且还大到其大无外、小到其小无内，可以说是世上最大的哲学系统。中华文化的特性，是将各式各样的想法安排在合理的位置上，并且随时调整，千变万化却能够万变不离其宗。我们说话时，往往只说“本”，因为“末”是随机应变的结果，各有不同。同样一个“因”，可能产生许多不一样的“果”，这便是“太极生两仪、两仪生四象、四象生八卦”的变化。

以“说话”这件事为例，西方人认为说话不实在就是欺骗，不欺骗就必须从实招来。我们则是主张“绝对不欺骗”，却经常“不说实在话”。因为欺骗这种做法，会使人良心不安，而且很快就会被揭穿，到头来欺人自欺，对自己非常不利；然而，说实在话又经常会得罪人，惹别人生气，对自己没有好处。我们居于“一分为二，二合为一”的法则，于是便把一句话分成“实在”和“欺骗”两种呈现方式，合在一起，说出彼此都能接受的“妥当话”，便是合理的表达。这符合将心比心，两方兼顾的要求。出发点是“不欺骗”，但是为了顾及听者的感受，不得不做出一些转弯与调整。每个人都有不同的爱好，也各有不同的厌恶对象。我们既然不自欺，就应该诚实地面对自己的喜爱和厌恶，把它视为自己的本性。

《中庸》曰：“天命之谓性，率性之谓道，修道之谓教。”“之谓”意即“就是”，天命就是性，性就是天命。人的爱恶，有很多是天生的，自然而然，说不出什么道理来。“教”和“性”刚好相反，是后天的教化所造成的，由人力来加以改变，才叫作“教”，夹在“性”和“教”中间，那就是“道”。“性”是天之道，“教”是人之道，两方面合起来，就是我们常说的“天人合一”。天生的本性，成为我们的个别差异。有些部分是不必改变的，顺其自然便好。有些部分则必须施加人力，促使其有所改变，所以才需要教育。“谦”和“虚”连接在一起，叫作“谦虚”，是自觉有所不足之处，尚待充实和改善。对于自己的本性，总觉得有些地方需要补足和加强，通过自我教育和约束，将自己值得保留的本性加以发扬，而有待修正的本性，则诚心诚意地加以合理调整。

儒家十分重视“慎独”的观点。“生知、安行”的人，先天条件良好，只要保持本性好好发扬，便能够做到孟子所言“仰不愧于天，俯不怍于人”的境界，心安理得，自然可以达成“好死”的愿望。“学知、利行”的人，先天条件不足，必须通过后天的修养和调理，注重格物致知的功夫，充实自己的知识和能力，无论在德行还是德政方向，都要诚心诚意地面对自己的本性，坦率地检讨自己的欠缺，然后用心地加以修整。至于“困知、勉强而行”的人，那就更需要自反、自律，朝夕警惕，务求日新又新，每日都有进步，以补先天之不足。

君子在离群独处时，一方面要真实地对待自己，做到毋自欺，另一方面也要重视自己的独特之处，这与众不同的地方，就是有待发扬的特性，必须慎重地加以合理发挥。人是群居的动物，不能要求每个人都一模一样，以免发生人人都喜欢做同样的事情，导致无法分工合作的情形。最好是人人有共性，也各有不同的特性，如此一来，对社会的和谐发展才会有所帮助。

譬如说智、仁、勇三达德，也就是“仁者不忧、知者不惑、勇者不惧”，这是我们共同修养的目标，然而，实际上能够做到什么境界，却是与各人的背景、处境息息相关。求同存异，便是人人都需要三达德的修养，但是各有不相同的合理点。真心面对自己所具有的共性和个性，便可达到慎独的要求。做一个特立独行的人，并不是处处都得标新立异，要求和他人大不相同，而是要能做到异中有同，同中也有异，大家入境随俗，尊重当时当地的共性，在不伤风败俗的大原则下，也尊重不一样的个别差异。换句话说，多数人要尊重少数人的独特行为，而少数特异人士，也应该尊重多数人的共同秩序。这样的做法并不是遮遮掩掩、企图隐藏真相，而是不应该以自己的特异爱好或厌恶，来影响大众的安宁。

心广体胖的“胖”，并不是肥胖的胖，在这里读音为pán，指舒泰、安舒。心广体胖，意思是心胸宽大，身体自然舒泰，否则心广必然肥胖，谁还愿意呢？有钱不一定是坏事，倘若得之以义，而又花得合理，当然是好事；但是，为了钱财弄得心力交瘁，相当于用身体健康来换取钱财，将来，若要再把换来的钱财交给医生，企求换回健康的身体，恐怕未必能够如愿。《论语》倡导“贫而乐道”，用意是希望我们“安贫乐道”，并没有鼓励大家“乐贫”的意思。贫穷只能“安”很难“乐”，可见儒家并不仇富。苟能君子爱财，取之有道，并且富而好礼，自然心广体胖，身心健康，乐在生活。

格物致知，比较偏重知识面。诚意正心，则更加偏重道德面。西方人把道德交给教育，认为人的道德必须来自上帝的恩典，出于上帝的训勉，而不是经由自己的诚意正心所养成，这在“神本位”的西方世界，几乎成为普遍的信仰。中华民族继承“人本位”的道统，一切以人为本，凡事自作自受，必须自己负起完全责任。道德是内心真诚的自然表现，并不需要向外求。孔子认为：我要仁德，仁德就会自然流露。《论语·阳货》言：“性相近也，习相远也。”其中的“性”，指的是道德的创造性使我们能够生生不息，而又连续不间断地引发出德行，这也是人之所以异于禽兽的主要因素。人性中固然存有部分的兽性，而教育的功能，即在于尽量减少兽性而发扬人性。以德服人，便是用自己的道德力，去感化、提升他人的道德力。

《论语·卫灵公》记载：“子曰：君子贞而不谅。”“诚信”固然是美德，然而，其中还存有限制条件，那就是当合乎正道时，自然应该要诚信，可是，一旦有害于正道时，君子就必须固定正道，而放弃诚信。对于讲求诚信的人，我们当然要待之以诚信；倘若面对不诚信的人，我们应该提高警觉，不宜盲目以诚信待之。因为第一次被骗是大意，第二次被骗那就是愚蠢了。为了终生保持诚意，就应该特别小心，不要由于盲目信任，而造成自己对诚意丧失信心，连带使得自己也不诚不信，那就是害己害人了。

诚心诚意，必须以“毋自欺”为基础。盲目相信别人，实际上就是自欺的行为。不如由小信而大信，一步一步经由考验，一步一步建立信任，于己于人，都会有很大的帮助。

第九章

八条目之正心修身

传文

所谓修身在正其心者，身有所忿懥（zhì），则不得其正；有所恐惧，则不得其正；有所好乐（yào），则不得其正；有所忧患，则不得其正。心不在焉，视而不见，听而不闻，食而不知其味。此谓修身在正其心。

今译

《大学》经文里说修养自身要从正心开始，是因为如果心中感到愤怒，就无法正确看清事物；如果心中有所恐惧，就无法正确看清事物；如果心中欢喜，就无法正确看清事物；如果心中有忧虑，就无法正确看清事物。心思不在某些事物上，眼睛看着东西却像没有看到，耳朵听着声音却像没有听到，吃了东西也感觉不到味道。所以说，修身要从端正自己的心态做起。

引述

《易经·系辞下传》说：“天下之动，贞夫一者也。”天下万事万物的一切活动，都应该坚守贞正并精诚专一。“正”字从字形上看，不就是“止于一”？“一”指太极，为万事万物的基本构成元素，也是我们常说的原点、本元。回归原点，便是返本归宗，亦即一心一意，也就是正心。“止”即停止之意，“止于一”便是停止在合理的那一点，才叫作“正”。

“贞”就是正，“正心”便是把心止在合理的那一点上面。“知止而后有定”，“止于一”即是止于至善。心知所止，实际上就是心有一定的志向，不为外力所动摇，也不受外物的影响。即使偶尔经不起外界诱惑，而有所动摇，也会通过自省自律，而实时自反于正。正心的力量，来自于诚意，诚意造成正心，正心导致诚意，两者一阴一阳，具体的表现即为合理。

合理称为“中”，“中庸”便是无一事不合理。“中”是止于至善，“庸”即是变中不易。合理不合理？它的衡量标准是变动的，并非固定的，但是万变不离其宗，有一个不易的定律，那就是“亲民”，也就是“安人”。使与我相处的人，都能够获得安宁，当然需要“正心”的功夫才能做到。我们主张“以不变应万变”，用意即在以不变的“庸”，来因应万变的内外变数，以求获得应变的“中”。所以“中”（合理）是应变的结果，而“庸”则是不易的一（那一颗不改变的正心）。

诚意正心，是道德修养的要旨。然而什么叫作“道德”？《易经·系辞上传》指出：“形而上者谓之道，形而下者谓之器。”宇宙中的一切，可以分成“道”“器”两大类。无形的称为“道”，有形的称为“器”。无形的我们看不见，又该如何辨识呢？圣人从“天垂象”获得启发，认为上天有好生之德，不说话（天无言），却能够显示出不同的象，使我们得以从可见的象来领悟看不见的道。天文、地理以及人的面相、体态，都是具体可见的象。我们借由观象，来探索其中所蕴涵的道。我们常说“通天地神明之德”，其实就是通易道、明易理的意思。

道由阴阳的交替变化而显象，能够按照自然规律而变化的，就称为“善”。止于至善，便是遵循自然规律做出合理的因应。《易经》所说的“时中”，意思是“无时无地不合理”，也就是“无一事不合理”，当然是变动的至善。用现代的说法，可解释为：“每一阶段，都应该及时做出合理的变动，使其有效因应内外的变量。”表现在每一个人的生活态度上，我们把它叫作“性”。仁者以道为仁，智者以道为知，而百姓则是日用而不知。实际上，所有的道德义理，都在日常生活中不断地产生、变化，十分神奇巧妙，并且变化莫测，很不容易掌握，使人不得不赞叹。

“道”可以视为我们所行走的道路，也是我们为人处世的方式、途径、态度。道本身并没有“正”或“不正”的分别，是人的心有正或不正，才走出正道或歪道来。道永远是合理的，人走得不合理，那是人的问题，不该把责任推给道。孔子说：“人能弘道，非道弘人。”人心正，便走上正道；人心不正，怎么走都是歪道。现代气候异常，旱灾、水灾不断，海水倒灌，火山爆发，很多人认为这是“大自然的反扑”，实际上，这是一种把责任推给上天的说法。大自然有自我修复的能力，人不走正道、搞破坏，大自然会自我修复；但是破坏得太厉害了，大自然几乎是用最后挣扎的力量来做出修整，却被人们视为报复，实在是不明事理。

“道”是道路，行道而有得，便称为“德”。“德行”的意思，其实是“行德”，也就是行而有所得。可惜长久以来，大家似乎都从自己的立场来思虑，认为有所得的主人应该是自己。自己有所得，便是修道有德，叫作“道德”。倘若从无形的方面来看，或许还说得过去：自己的品德修养提高，当然是自己有所得。然而，若是从有形的方面来检验，我们奉劝各位，必须站在将心比心、知己知彼的立场，看看和我们相处的人，是不是也同样有所得。这么一来，对道德的感受，就会大不相同。

孔门三乐——学而时习之、有朋自远方来、人不知而不愠，都是把别人当作一面镜子，来反观自己，才看得清楚自己在品德修养方面有没有长进。曾子每日反省三件事情：为人谋而不忠乎？与朋友交而不信乎？传不习乎？也都是站在他人立场来反省自己。这就告诉我们，有所得必须兼顾他人，才是真的道德，也就是正道。我们言行合乎正道吗？不要问自己，应该观察他人的反应，是不是都能有所得，而且感觉安宁。“亲民”是“明明德”的具体表现，而“亲民”即是使与我相处的人，都能够获得安宁，我们称之为“安人”。以“明明德”来“亲民”，便是“修己安人”。若是修己却不能安人，最好自省：是不是自己太自私了，只想到自己，忽略了他人的需求？修己安人是动态的，必须止于至善。可见，大学之道三大纲领，合起来便成为一贯之道。

我们的道德修养，最好兼顾自己和他人双方面。自己的感觉，往往很主观，至少很容易掉入一厢情愿的陷阱。别人有没有从我们这里获得好处，应该是自我检验的重点。人的本性原本就是怕吃亏、爱占小便宜，我们用不着为了面子而唱高调，否定这种人性，以免自欺欺人，对自己毫无好处。因为怕吃亏、爱占小便宜，是上天所设定，用来检验道德修养的关卡，至于能跨越到什么程度，其实就是每个人自己的造化，用不着大惊小怪，只要自己逐步提升，逐渐舍弃那样的念头，也就能日新其德，日起有功了。

使他人有所得，对于我们来说是“舍”；使自己有所得，那才是“得”。一般人只看重“得”，却忘记了“舍”应该摆在“得”的前面，也就是“能舍才能得、有舍才有得”。也唯有舍而后得，才是真得。“知所先后”说起来很容易，到了紧要关头，却常常记不起来。有人说这是“知易行难”，实际上并非如此。行而不知，固然是一种不知，因为动不动就会出差错；但是知而不能行，显然是另一种情况的不知。知道得不够深入，了解得不够透彻，表示格物致知的功夫做得不够，到了诚意正心这一阶段，当然难以顺利完成。自己认为知道却做不出来，此时不能用知易行难来搪塞，企图自欺欺人。必须重新来过，细心推求，虚心检讨，还要加上用心领悟，在实践中求知，最终明白“知难行易”，这才是真正的道理。

试问：“呼吸，是‘呼’比较重要，还是‘吸’比较重要呢？”相信很多人会不假思索，立即回答：“当然是‘吸’比较重要。”明明是呼吸，把“呼”字放在前面，为什么反而认为

“吸”更加要紧呢？实际上，只有先“呼”得细长，才能“吸”进更多好的空气，使身体获得新陈代谢的能量。道德也是一样，先认清正道，再开始行走，远比搞不清楚方向和路径，盲目向前要好得多。摸索着行动，是一种不得已的方式，此时若是有道可循，将会更加安全有效。先思考让他人有所得，称为“立公心”，是为公众着想、为人群谋取福利，并不完全图谋私利，大家自然会更加敬重信服。《论语·学而》说：“道千乘之国，敬事而信，节用而爱人，使民以时。”治理一个大国，就应该对事毫不苟且；对民众讲求信用；节省自己的用度，而尽力爱护人民；征用民力要尊重农时，避免耽误耕种、收获的时间，这些都是“立公心”的做法。

百姓有所得，从政者才能真正有所得。百姓有所得，大多是有形的财物；从政者有所得，则是无形的民心。“得人心者昌”，应该是从事公共服务的人士，用来考核和勉励自己的最佳座右铭。人心是变动的，好像流水一般，得人心即为亲民的首要项目；但是人心的获得，必须依循正道，不能讨好，更不能通过威胁、恐吓、利诱的不正常手段。唯有以正心感应正心，才是良好、安全而有效的途径。

历史故事

汉武帝因李夫人而封其哥李广利为将的故事

汉朝时候，在对匈奴采取的保卫战争中，出现了许多名将，如李广、卫青、霍去病等，都在我国战史上写下了光辉的篇章，但是也出现了李广利这样的庸才，在战史上留下了黯淡的一页。李广利本是个庸劣之辈，为什么雄才大略的汉武帝会任命他为统率十万雄师的将军进行征伐呢？这要从李广利的进身之阶，他的妹妹、汉武帝宠爱的李夫人说起。

李夫人原是个卖艺的舞女，她的二哥李延年是汉宫内廷音律侍奉。

一日，李延年为汉武帝唱新歌："北方有佳人，绝世而独立。一顾倾人城，再顾倾人国。宁不知倾城与倾国，佳人难再得。"汉武帝感慨道："果真有如此美貌的佳人吗？"李延年趁机推荐了自己的妹妹。于是，李夫人进宫，立刻受到了宠爱。

汉武帝自得李夫人以后，爱若至宝，一年以后生下一子，被封为昌邑王；但李夫人身体羸弱，更因为产后失调，委顿病榻，日渐憔悴。

色衰就意味着失宠，李夫人颇有心计，自始至终要留给汉武帝一个美好的印象，因此拒绝汉武帝来探病。武帝亲临病榻前问候，李夫人用被子蒙住脸面，说道："我长久卧床不起，病魔已夺走了我美丽的容颜，因此无面目再见皇上。我将王儿和兄弟托付给皇上，希望皇上好好照顾他们。这是我唯一的愿望。"说到最后，语带呜咽。汉武帝不忍，只得怏怏地离开。

汉武帝离开后，李夫人的姐妹们都说她不该这样做。李夫人却说："凡是以容貌取悦于人，色衰则爱弛，倘以憔悴的容貌与皇上见面，以前那些美好的印象，都会一扫而光，还能期望他念念不忘，悉心照顾我的儿子和兄弟吗？”

不久，李夫人病逝，汉武帝伤心欲绝，继而把对她的思念转化为对她兄弟的厚待，于是想封她的哥哥李广利为侯。但是汉高祖规定，必须有军功才能封侯，于是汉武帝任命李广利为大将军，讨伐大宛。当然，也是因为汉武帝贪图大宛的汗血宝马。

李广利资质平庸，人品恶劣，两次攻打大宛，导致很多将士无辜受死。不仅如此，汉武帝还派李广利攻打匈奴，结果李广利不仅自己投降了匈奴，还将七万大军全部送给了匈奴做投降礼。李广利一人，前后共葬送了不下十万士兵的性命。

《资治通鉴》中写道：“武帝欲侯宠姬李氏，而使广利将兵伐宛，其意以为非有功不侯，不欲负高帝之约也。夫军旅大事，国之安危、民之死生系焉。苟为不择贤愚而授之，欲徼幸咫尺之功，藉以为名而私其所爱，不若无功而侯之为愈也。然则武帝有见于封国，无见于置将；谓之能守先帝之约，臣曰过矣。”

李广利给大汉帝国造成的损害看上去是他本人的无能和恶劣的人品造成的，但真正的罪魁祸首其实是汉武帝。在封建社会的游戏规则里，权力是皇帝手中的私有财产，他想清炖还是红烧，全凭他一人的意志和好恶来决定，所以为了讨好一个女人，把十万人的性命作为匈奴的礼物也就不足为奇了。

汉武帝作为一代帝王，贪恋李夫人美色和聪慧也算不上憾事，但是因为贪图美色和宝马而让无辜的人白白丧命，实在不能算是正心修身的明主。

第十章

八条目之修身齐家

传文

所谓齐其家在修其身者，人之其所亲爱而辟焉，之其所贱恶而辟焉，之其所畏敬而辟焉，之其所哀矜而辟焉，之其所敖惰而辟焉。故好而知其恶，恶而知其美者，天下鲜矣！故谚有之曰："人莫知其子之恶，莫知其苗之硕。"此谓身不修不可以齐其家。

今译

《大学》经文里所说的要使家庭和谐有条理，就要修养自身，因为人们对于亲近或喜爱的人，不免会偏袒护短而失去公平心；人们对于不重视或不喜爱的人，往往会加以排斥而失去公平心；人们对于畏惧或尊重的人，经常会加以奉承，不敢谏诤而失去公平心；人们对于所同情怜悯的人，会给予协助、不忍激励而失去公平心；人们对于不重视的人，也常轻视忽略而失去公平心。因此，喜爱某个人而又能够了解这个人的缺点，讨厌某个人仍然能够发现这个人的优点，像这样保持客观公平心的人天底下实在太少见了！因此有句俗话说："由于溺爱，人都不知道自己孩子的缺点；由于贪得，农夫看不出自己田园里的禾苗长得高大肥美。”这就是说，如果不能修养自身，就无法整治好家庭。

引述

修身是根本，大家都十分清楚，然而，修什么呢？既然知所先后，才能近道，那么我们先提出三点，说明如下。

（1）大小。讲求伦理道德的社会，最不喜欢没大没小的人。如果认为“人人平等，不应该分大小”，那就是不明白伦理的意义以及区分大小的价值。人人平等，是指人格平等，应该彼此尊重，但是同样是人，所负的责任却不相同，譬如同在一个机构服务，然而职位不同，便各有所司。《论语·颜渊》记载齐景公问政于孔子，孔子说：“君君、臣臣、父父、子子。”意思是说君臣、父子必须各自善尽应负的责任，以求名实相符。这种正名的要求，不但是为了维护社会的和谐，也是为了使政治能够在安定中求取进步。《论语·子路》指出，政治当以“正名”为先，以免“名不正则言不顺，言不顺则事不成”。我们习惯于见面先分大小，并不是摆架子，更不是为了讨好上司、逢迎拍马。我们分大小，用意在尊重每一个人的职责，也就是名分，促使其更为敬慎，随时随地做好恰如其分的表现。

（2）高低。大小是居于职务的需要，表现出责任的轻重。高低则是自己的声望所衍生的影响力。我们历代都把官员的道德标准定得很高，除了道德的约束力，却较少在制度上对其造成结构性的制衡。长久以来，我们不鼓励公开批评时政。在这种情境下，培养声望就成为大家非常重视的课题。官员敬重声望高尚的人士，象征自己也十分注意品德修养。声望高尚的人士，也经常找机会反映民间的实况，向相关官员提出积极性的建议，从而增加自己的声望。无论是地方士绅还是国之大佬，都是众望所归的高尚人士。《易经·系辞上传》开宗明义指出："天尊地卑，乾坤定矣。"尊卑不过是高低不同，并没有贵贱的分别。后来由单音词变成复音词，才将尊和贵、卑和贱联结在一起，成为尊贵卑贱，引起很多人的不满。我们认为以高为尊、以尊为贵，或者以低为卑、以卑为贱，用来表示谦虚和礼貌，还说得过去。倘若真的把高低看成贵贱，那就十分不妥当了。原本是以品德论声望，如此一来，反而使大家同受其害，品德有缺失了。

（3）是非。炎黄子孙非常厌恶没是没非的乡原，背后经常责骂其为糊涂虫；但是在中国社会，是非分明的人，通常人际关系并不良好，因为我们十分清楚，是非很难明，而且会变动，必须慎断是非。除非十分有把握，否则最好不要是非分明地把话说得太满，以免引起大家的反感。"是"中往往有一些"非"，而"非"中也多少有一些"是"，这才合乎"阴中有阳，阳中有阴"的法则。站在慎断是非的立场来明辨是非，常常需要有一个互相包容的过程。我们不太欢迎立即反应的作风，对于铁口直断的人，也保持相当程度的怀疑。为什么事缓则圆？从这里可以获得答案：不走直线，稍微迂回一些，缓慢地拐一个弯，常常会有意想不到的惊喜。

把"大小、高低、是非"这三项人生修炼，当作基本修养，主要是居于"人禽之辨"的需要。中华民族自古以来，便注重做一个人，必须设法拉开自己和禽兽间的距离，以免被骂为“畜生”而愤怒不已。把这三项修养好，基本上就站稳了做一个人的立场，然后才逐渐加强其他各项修养，这样就可以按部就班、日有寸进。在己安人亦安的大前提下，不缓不急，稳定中求进步。

齐家的“家”，并不是现代流行的小家庭，而是庞大的家族，至少三代以上，甚至于有五代同堂的。大家族治理得当，当然可以治国。小家庭是基础，相对比较单纯，不如大家族那么复杂。一部《红楼梦》，倘若把其中每一个小家庭分解开来，问题就会简单得多；但是，所能够磨炼出来的功夫、所能够历练出来的经验，也就少太多了。小家庭治理得好，不见得就能够治国；但小家庭都治理不了，又怎么能够治国呢？自古以来，我们便“求忠臣必于孝子之门”，这句话十分有道理。试想，一个人对待亲生父母都不知孝敬，怎么可能亲民？

把“修身”和“齐家”两者并列，启示我们：修身必须站在齐家的立场，把自己的身修到合乎齐家的需要，这才合于正道。并不是说修身是为了齐家，而是说修了那么多年的身，若结婚后连家都齐不了，可见这样的修身还是有问题的。我们从齐家来检验修身的成果，也从齐家来推测治国的能力，环环相扣，层次分明，这样一以贯之的系统十分可靠。

天生我材必有用，上天要我们生而为人，就是希望我们能够行道、显道，做一个和禽兽不一样的人，也就是堂堂正正做人。“明明德”的第一个“明”字是动词，第二个“明”字则是形容词。每一个人，都应该以“天生德于予”自居。上天不赋给我道德，何必让我做人呢？难道要危害社会，破坏人群吗？上天既然赋予我道德，那必定是美好的，我一定要把它修明、彰显出来，不但我自己听得见内心的良心呼唤，而且要使和我在一起的人，感受得到而且反应良好。当然，能够使远方的人也受到感召，那才是光宗耀祖、不枉此生的美事。我们明白天人合一的用意，即上天提供了一条光明大道，让我们有自主和创造的能力。人遵循天道，承担起文化的责任，依天道来创造文化，表示人应该在"畏天命"的范围内，享受创造和自主的乐趣，不应该无法无天，喜欢怎么样就可以怎么样。可见求新求变，必须坚守基本原则来持经达变——生活法则不可变，生活方式才可以改变。站在治国的立场来齐家，站在齐家的立场来修身，然后反转过来，以既修之身来齐家，以齐家的实力来治国。终有一天，如果能够以治国的风范赢得全世界的认同与赞赏，大家纷纷学习参考，彼此求同存异，和平发展，走上世界大同的康庄大道，建立起互助互惠、人类一家的地球村，那才是真正的平天下。

我们主张"由亲及疏"，并不是停留在"亲"的范围，而不扩展到"疏"。"知所先后"，表示不能只顾"先"而不思及"后"。推的方向和力道，便是修身的重要考验。只及于亲而不及于疏，表示自己的实力仍然十分有限，必须再接再厉，持续充实，使自己拥有足够的实力，得以顺利推展，扩大服务的范围，并提升服务的质量。修身是人人必做的课业，更是终生不可间断的志业。当一天和尚撞一天钟，只要一息尚存，就必须修治自己。活到老学到老，不能只偏重知识能力，还应该同时兼顾好品德修养。

历史故事

汉朝霍光辅汉室终而灭族的故事

汉武帝死后，霍光作为顾命大臣辅佐年幼的汉昭帝，汉昭帝去世后，霍光又继续辅佐汉宣帝。可以说，霍光在稳定政局方面做出了重大贡献；但是，他的妻子霍显，是一个非常不安分的女人，为了支持女儿做皇后，居然下手毒死了汉宣帝的皇后，而霍光却不能约束她。霍光去世后，其妻霍显及其子弟更加嚣张，甚至想阴谋造反，结果被满门抄斩。霍光在齐家方面做得不好，追究起来，在修身方面也有很多问题。

《资治通鉴》：“霍光之辅汉室，可谓忠矣；然卒不能庇其宗，何也？夫威福者，人君之器也。人臣执之，久而不归，鲜不及矣。以孝昭之明，十四而知上官桀之诈，固可以亲政矣，况孝宣十九即位，聪明刚毅，知民疾苦，而光久专大柄，不知避去，多置亲党，充塞朝廷，使人主蓄愤于上，吏民积怨于下，切齿侧目，待时而发。其得免于身幸矣，况子孙以骄侈趣之哉！虽然，向使孝宣专以禄秩赏赐富其子孙，使之食大县，奉朝请，亦足以报盛德矣；乃复任之以政，授之以兵，及事丛衅积，更加裁夺，遂至怨惧以生邪谋，岂徒霍氏之自祸哉？亦孝宣酝酿以成之也。昔椒作乱于楚，庄王灭其族而赦箴尹克黄，以为子文无后，何以劝善。夫以显、禹、云、山之罪，虽应夷灭，而光之忠勋不可不祀。遂使家无噍（jiào）类，孝宣亦少恩哉！”

霍光秉持汉朝政权前后达20年，他忠于汉室，老成持重，而又果敢善断，知人善任，实为具有深谋远略的政治家。他挫败上官桀等人发动的政变，废刘贺，立汉宣帝，使汉室转危为安，其政治胆略可与萧何相比。他改变汉武帝末年急征暴敛、赋税无度的政策，与民休息，使西汉的经济出现了又一个发展时期，这也说明他以国家为重，以民生为重的治国思想。

但是，霍光一方面因为自己的作为而光宗耀祖，另一方面他身为将相，子弟封侯在那个时代也很正常，但他并没有意识到自己的宗族、子弟都已高官显贵，霍氏势力亦已“党亲连体，根据于朝廷”，并且又多不奉公守法，这是显然没有做到齐家，从而为霍氏家族的覆灭留下了祸根。

第十一章

八条目之齐家治国

传文

所谓治国必先齐其家者，其家不可教而能教人者，无之。故君子不出家而成教于国：孝者，所以事君也；弟者，所以事长也；慈者，所以使众也。《康诰》曰："如保赤子。"心诚求之，虽不中，不远矣。未有学养子而后嫁者也！

一家仁，一国兴仁；一家让，一国兴让；一人贪戾，一国作乱。其机如此。此谓一言偾（fèn）事，一人定国。尧舜帅天下以仁，而民从之；桀纣帅天下以暴，而民从之。其所令反其所好，而民不从。是故君子有诸己而后求诸人，无诸己而后非诸人。所藏乎身不恕，而能喻诸人者，未之有也。故治国在齐其家。

《诗》云："桃之夭夭，其叶蓁蓁（zhēn）。之子于归，宜其家人。"宜其家人，而后可以教国人。《诗》云："宜兄宜弟。"宜兄宜弟，而后可以教国人。《诗》云："其仪不忒（tè），正是四国。"其为父子兄弟足法，而后民法之也。此谓治国在齐其家。

今译

《大学》经文里所说的“要治理国家，就要先整治好自己的家族”，是说连自己的家人都不能教导好却能教导好其他的人，这是不曾发生过的事。所以，有修养的君子不必离开家门，就能达成教导国人的任务：孝敬父母，可以用来服侍国君；恭敬兄长，可以用来服侍长辈；慈爱子女，可以用来对待民众。《尚书·周书·康诰》里说：“爱护人民就好像保护婴儿一样。”只要诚心诚意去做，即使没能达成目的，也离目标不远了。要知道，没有谁先学生养孩子再结婚的。

国君一家行仁道，全国才能振起仁德；国君一家行礼让，全国才能讲究礼让；国君一人贪婪残暴，全国都会胡作非为。这个机制就是如此。这就叫作：一句话说得不好会败坏整件事情，一个人（修身的成果）可以安定整个国家。唐尧虞舜以仁德率领天下，因此百姓跟随效法他们而行仁德；夏桀商纣以残暴霸道统治天下，因此百姓跟随效法他们而走上残暴霸道的途径。如果统治者发出的命令与他自己的实际做法相反，民众是不会服从的。所以，品德高尚的君子要自己先做到，然后才要求其他人也做到；自己先不这样做，才能要求别人也不去做。如果自己不采取这种推己及人的恕道，而劝导他人按自己的意思去做，这是未曾有过的。所以说，治理国家的根本源头，就在于使自己的家庭和谐有序。

《诗经·周南·桃夭》里说：“美好的桃花，茂盛的桃叶。

这个女子嫁过去，能够使一家人谐睦和乐。”一国之君，要先能使自己的一家人相处和睦，然后才有可能教育全国的百姓。《诗经·小雅·蓼萧》里说：“要兄弟和睦。”一国之君与兄弟们相处和睦，然后才有可能教育全国的人。《诗经·曹风·鸤鸠》里说：“他的言行举止没有过错，所以使得四方的国家都能端正。”国君必须在身为父子兄弟的各个角色中，都能够成为楷模，然后百姓才会上行下效。这就是说，国君要治理好国家，首先便要管理好他自己的家庭。

引述

修身是“内圣”的功夫，目标在管制自己，使自己有自觉、自律的能力，并且在日常生活当中，把自己管理好。有效的途径，其实就在于以理智指导感情，使自己的情欲产生合理的效应：身体健康，心情平稳，而且心理正常。

内圣的功夫做得好不好？可以从齐家、治国、平天下的“外王”效果来判断。内圣不过是独善其身，外王才能够兼善天下。由于天下可大可小，所以由齐家做起，然后衡量自己的实力，配合可能的机会。尽人事以听天命，自然心安理得，毫无怨尤。人生求得“好死”的总目标，这样一路走下去，只要不出轨，不和自己过不去，当然可以达成。

品德修养，同样是以修己善群为理想。在善群中修己，借着修己来达成善群的目标。“群”有大小，由家庭做起，先求在家庭中善尽自己的责任，然后在家族中恪尽应有的责任，再扩大到小区、国家以至于平天下。一步一步向外推广开展，做到多少算多少，只要尽心尽力，毫无愧怍，自然就能心安理得，己安人亦安。以平常心安度日子，当然快乐无比。把小家庭齐好，对宗族、社会、国家，以至于天下，都会有所帮助。邻里争相仿效、参考看齐，此时，“齐”的力量就扩大了。外出旅行时，表现良好，给当地人带来良好感受，相当于担任国家的形象大使。虽然没有名义，也领不到薪水，却对国家、世界产生良好的效应。可见，我们的一言一行、一举一动，实际上都是在齐家、治国、平天下，怎么能够不警惕、不敬慎、不瞻前顾后，设想得长远一些呢？

齐家的首要任务，在于建立良好的夫妇关系。“男女有别”的观念，不能用“男女平等”来加以抹杀。男刚女柔，生理和心理双方面都是如此。倘若妻不柔而夫不刚，不但失去情意，而且不伦不类。夫主外，妻主内，主要是丈夫应该负起保护家庭安全的责任，担当风险，做出合理的判断。而妻子可以在必要时加以协助，但不应该损伤丈夫的身份与精神。身为一个好丈夫，必须使妻子及子女在各方面具有安全感，并视妻子为终身伴侣，而不是摆出一家之长的统治架子，令家人心生畏惧。夫妻在财务处理上，必须绝对互相信赖，公而无私。在个人行为方面，应该以忠实、坚贞相对待。夫妻共同对子女负责，并且同心协力教育子女。唯有如此，才能收到齐家的效果。

齐家的效果，主要表现在子女的教养方面。父母对子女，必须担负起“生、育、教、化”四大责任。父母诞生了子女、将子女养育长大，并持续不断地教导，还要以身作则，把家风“化”在子女身上，使子女永远与家族同心，愿意传承并发扬光大自己的家风。现代人最好能以具有社会价值、文化意义及道义精神的行为与生活，来延续祖先的遗志。在共同的社会意识当中，保留自己独特的家风，使子孙和祖先建立起一种特殊的联结，而这也是中华民族非常重视祭祀的重要原因。我们在文化、民族之外，多了一条祖先的导引线，也就是说，文化、民族、祖先三管齐下，将有助于“齐家”工作的完成。

家和万事兴，是我们对齐家的期许。家人不但在品德修养方面要彼此照顾，互相规劝，而且在事业方面，更应该同心协力。父母固然不应该勉励子女投入同一事业，却也不应该禁止子女共同奋斗。一家和还要扩大至邻里和。父母要教导子女与邻居和睦相处，并且守望相助，把家人的感情向外扩展，做到“老吾老以及人之老，幼吾幼以及人之幼”。“一家仁，一国兴仁；一家让，一国兴让；一人贪戾，一国作乱”，便是推为父之道以为君，推齐家之道以治国。西方文化，似乎只有夫妇关系，并无父子关系。我们在这一方面，最好能特别慎重，不但要传承，而且还要发扬光大。

“家齐”表示齐家获得良好的成果：全家人和睦相处，生活美满，家教良好，每一分子都能够善尽责任。“国治”表示治国的效果良好：社会秩序安定，百姓讲信修睦，生活获得安定，行为端正，善尽各人的责任。把“家齐”和“国治”连在一起，意思是先有健全美满的家，然后才有安和乐利的国。家齐是因，国治是果；齐家为先，治国在后。在家为国培育子女，实在是为人父母者的重大责任。可惜大多数人并未注意到这一层关系，总认为治国与自己距离很远，以致“齐家报国”，只发挥到“为家争光”，殊为可叹！

社会的安足，有赖于每一家庭的共同努力。现代人只认同在社会上工作的就业，却无视于在家庭中奉献的就业。我们最好明白，就业不分家内和家外，即使在家里全职治理家务，没有外来的薪资收入，也算是“充分就业”。若是家人在外担任义工，从事无薪的工作，但对社会产生贡献，让社会更加美好，无形之中，自己的家也能获得间接的利益，当然也就等同于就业。大学之道，为什么只提齐家、治国、平天下，并没有将事业列在其中？主要在提醒我们，事业本身并不是目的，只不过是手段，是提供我们进德修业的工具而已。凡是对齐家、治国、平天下有帮助的事业，才值得投入，否则便是自私自利的行为，不值得鼓励。在职场中，修己安人，锻炼内圣外王的功夫，才是有价值的人生大道。

不幸的是，现在有很多眼光短浅、文化贫乏的商人及暴发户，正疯狂地投向各种反俭朴、反节约的罪恶场所，导致家庭破碎，家人身心俱受伤害，事业破产，社会资源也随之损耗。我们当然不反对致富，但是德本财末的信念、勤俭朴素的美德，不可不用心传承；而奢侈、浪费、败坏社会风气的事情，则须全力防止。

大学之道，仁德和仁政两者兼顾并重。为什么“修、齐、治、平”只重视道德修养，而不及于专业能力，难道仅凭品德修养，便能够实施仁政吗？德本才末，并不是只有“德”重要而“才”不必重视。本末、轻重、先后，其实都非常重要，没有真才实学，全凭道德，不可能有仁政的表现；但是品德修养良好，自然会注意问题的发生，以及懂得如何有效化解的方法。同时，有德者谦冲自牧，知道光凭自己个人的能力，并不足以应付，也不应该如此，因此会寻求合适的对象，向其请教、学习，或者请求协助。最要紧的是，寻人、问事、合作，都要以品德为本，才不致问错人、用错方法，否则，非但不能化解问题，反而衍生出许多后遗症。倘若品德修养不佳，所做的事即使产生昙花一现的利益，不久后便会祸害连连，使人后悔莫及。有些人所做的事业，虽然对社会没有害处，但其为了迅速致富，或者贪求横财，而使用诈欺手段，盗用他人资产或公有财物，以扩大自己的事业，因此陷同业于破产，使政府蒙受严重损害。还有些人有机会致富了，却眼光短浅，自私自利，不愿回馈社会，只知道一家人奢侈、炫耀，认为是花自己的钱，过自己的生活，殊不知社会责任为何物，这些都是有才无德所造成的祸害。齐家治国，当然需要众多才能互相配合，但是共同以道德为根本，则是毋庸置疑的原则。每个人都应以修身为本，然后才能论及其他。

历史故事

唐太宗李世民两弃立嗣的故事

唐太宗李世民初立太子李承乾，寓意承继乾坤；可是李承乾喜欢声色犬马，好铺张浪费，但又怕被皇上骂，就人前一套，人后一套。

李承乾和唐太宗的弟弟汉王李元昌很要好，经常一起游戏。他们把随从分成两队，李承乾和李元昌各率领一队，披着毡子做的盔甲，操着竹棍做的长矛，大呼大叫，布阵攻击，相互击刺流血，才觉得好玩，有不听话的，就将其吊在树上用鞭子打，甚至有人被打死。李承乾说："要是我当了皇帝，就在宫苑中安置万人营，让他们互相战斗，我和汉王观看，不是很有意思吗？"他还说："我当了皇帝，就要放纵行乐，有劝谏的就杀，杀他几百个人，其他人就老实了。"

唐太宗还有一个儿子，是魏王李泰。李泰倒是挺有才能的，唐太宗很喜欢他，于是李泰就有想法要废太子自立。

李承乾感觉到自己的地位不保，就在自己的宫中豢养了一批壮士，以保卫自己，并和心腹及叔叔汉王李元昌商议谋反。不巧的是他手下一个壮士被抓，供出太子要谋反。

太子被废了，有人建议立魏王李泰当太子，有人建议立晋王李治当太子。这两个儿子唐太宗都喜欢，到底立哪一个呢？这时，唐太宗很信任的大臣褚遂良对他说："您原来立李承乾为太子，却宠爱魏王李泰，对他的待遇超过了太子，才造成太子造反。如果您要立魏王为太子，就要先安排好晋王李治，以保证他的安全啊！"

唐太宗终于想明白了，原来李泰涉嫌夺嫡，于是决定立晋王李治为太子。唐太宗对侍臣说："如果我立李泰当太子，那无异于告诉大家，太子的位置是可以谋取的。现在太子犯错误被贬了，谋取太子地位的人也被贬了，这个规矩要传给子孙后代，作为法则。”

《资治通鉴》中写道：“唐太宗不以天下大器私其所爱，以杜祸乱之原，可谓能远谋矣！”

帝王家选择继承人，一向是令皇帝头痛的大问题。唐太宗对待犯错误的太子和谋取太子地位的魏王，采取了“两弃”的方法，免除了兄弟残杀。这也告诉大家，要安分守己，阴谋是得不到好结果的。现代企业中，继承人的选择问题也是一大难点，中国人重德，即是出于考虑修身齐家之于治国的根基问题。

第十二章

八条目之治国平天下

传文（一）

所谓平天下在治其国者，上老老而民兴孝，上长长而民兴弟，上恤孤而民不倍，是以君子有絜（xié）矩之道也。所恶于上，毋以使下；所恶于下，毋以事上；所恶于前，毋以先后；所恶于后，毋以从前；所恶于右，毋以交于左；所恶于左，毋以交于右。此之谓絜矩之道。《诗》云："乐只君子，民之父母。"民之所好好之，民之所恶恶之，此之谓民之父母。《诗》云："节彼南山，维石岩岩；赫赫师尹，民具尔瞻。"有国者不可以不慎，辟则为天下僇（lù）矣！

今译

《大学》经文里所说的要使天下太平，在于先治理好自己的国家，是因为，在上位的人尊敬老人，百姓大众就会兴起孝道；在上位的人尊敬长辈，民众就会兴起敬长之风；在上位的人怜爱无依无靠的孤幼，百姓大众也就不会违背这种美德。所以，有修养的人，有衡量事理的办法。如果厌恶自己上司的某些作为，就不要用来对待自己的下属；如果厌恶自己属下的某些作为，就不要用来对待自己的上司；如果厌恶自己前面的人的某种作为，就不要用来对待在自己后面的人；如果厌恶在自己后面的人的某些作为，就不要用来对待自己前面的人；如果厌恶在自己右边的人的某些作为，就不要用来对待在自己左边的人；如果厌恶在自己左边的人的某些作为，就不要用来对待在自己右边的人。这就是衡量事理的方法。

《诗经·小雅·南山有台》里说："快乐的国君啊，他就像是百姓大众的父母。"百姓大众喜爱的，他也喜爱；百姓大众厌恶的，他也厌恶。这就是百姓大众的父母。《诗经·小雅·节南山》又说："那高大的南山，岩石累累层迭。那显赫的尹太师，百姓大众都仰望着你。"领导国家的人不可以不慎重，一旦有所偏差，就会受到天下人的怪罪声讨。

引述

世界各国大小不一，情况各有不同，怎么可能平天下呢？《易经》思维启示我们，"平"便是"不平"，也就是要站在"平"的立场，来包容"不平"。我们常说"平等"只是理想的目标，倘若能求得"合理的不平等"，就已经相当不容易，值得大家共同努力了。《易经》第十一卦为"泰卦"，第三爻为阳爻，爻辞曰："无平不陂。"从自然现象来看，平地不可能没有斜坡。海平面也是一波未平、一波又起，起伏不定，才是活水。国与国之间原本不平，倘若加上人为的不平，岂非为违反人性的做法？我们尽量往"平"的方向努力，便可称为"平天下"。至于平到什么程度，能够做到什么地步，实际上也很简明，那就是检验人类的伦理道德究竟提高到什么水平。只要大家普遍重视伦理，共同提升品德修养，天下太平，互助互利，不就做到“平天下”的境界了吗？

平天下，最重要的关卡在于“治国”。倘若不能站在平天下的立场来治理国家，我们可以断然推论：每一个国家，必将以本国的利益为优先考虑。能够推己及人，由自己的国家推及至其他各国的利益，当然就非有平天下的胸怀不可。

上行下效，一家如此，一国亦如此。不管是治国还是平天下，无非是一个平衡。上下左右的平衡，行为与价值观的平衡，己人和他人的平衡，这个平衡法则就是：絜矩之道。絜是丈量长度的工具，矩是丈量面积的工具，絜矩之道就是规范人们日常行为的规范尺度。而这个规范尺度的推行，就是要上行才能下效。

现在很多人都认同科学技术是第一生产力，但是如果没有符合天道的道德规范，科学技术很有可能是第一毁灭力。所以，中国传统文化一向认为道德力量才是最强大最持久的力量，因为它源于自然，符合自然规律。

当一个组织的道德水准大幅度提高后，推动组织进步的力量会变得越来越强大。领袖有尊老的行为，百姓中就可以推行孝道，这是忠孝上的上行下效。尊重长者，关怀弱小，体恤孤寡，也都一样。“上”行，就是在上位的人通过践行的方式来为民众和国家制定各种符合天道的道德行为规范。下效就是民众百姓以这种道德行为规范来指导、修正、提高自己的道德水准，从而提高整个组织的道德水平。

传文所说“絜矩之道”，可以作为将心比心、推己及人的共同法则。如今已进入网络时代，信息流通既方便又快速，若能将“絜矩之道”翻译成为各国语言，欢迎各国互相交流，以建立共识，应该可以在地球村的潮流中，注入一股强大的力量，促使各国领袖在这方面多宣扬、多发挥。在大同小异的原则下，一方面尊重各国的特殊情况，另一方面建立起共通的互动原则，对世界大同（小异）应该有很大帮助。

政治的基本原理，即在以伦理促进和平，在安定中求进步，以互助促进共存，使百姓享有安足的生活。我们只要秉持大学之道，把自己的国家治好，其他各国自然会有目共睹而心向往之，不用我们多做宣传，就会主动派人前来学习，各自依不同情况，做出合理调整，达成世界大同的理想。

《诗经·小雅·南山有台》是用以祝福有德有位的君子。诗中以“乐只君子，邦家之基”“乐只君子，邦家之光”“乐只君子，民之父母”，赞美快乐的君子是国家的基石、国家的光明、人民的父母。传文解释“民之父母”的要领在：“民之所好好之，民之所恶恶之。”表示一切好恶，都应该以民意为依归。《论语·为政》记载孔子回答鲁哀公的问题：举用正直者，置于邪佞者的上位，百姓自然信服；举用邪佞者，置于正直者的上位，百姓便不能信服。人民的眼睛是雪亮的，为政者若是真正为民服务，百姓会心知肚明，满怀感激。以民意为依归，但不能盲目讨好百姓，因为《论语·里仁》指出：“君子喻于义，小人喻于利。”民众之中固然有君子，也免不了有小人。公利与私利，难免引起争论。为政者平日累积诚信，就是为了有朝一日需要教导百姓时，能够产生一定的效果。

《诗经·小雅·节南山》是周朝贤臣感叹执政者任用姻亲而败政的诗句。当时尹太师位居三公之列，掌握国家的大权，四方靠他来维系，天子靠他来辅佐，庶民靠他来领导。然而事实上，尹太师完全不负责任，所以贤臣才写诗来恳求他，希望他能尽快改变作风，平心正己，不要任用小人。

政治是治理众人的事务，其最终目的仍然应该以提升人民的道德精神为主。满足人民现实需求是有效的手段，并不是最终的目的。《论语·子路》指出：孔子前往卫国，冉有替他驾车。孔子说：“卫国人口真多啊！”冉有问：“人口多了，进一步要做什么？”孔子说：“使百姓富有。”冉有问：“人民富有了，进一步要做什么？”孔子说：“教化他们。”这才是真正的亲民，有智慧地顺从民意。百姓真正知道大家所需要的是什么吗？不一定。只有敬畏天命，敬畏大人，敬畏圣人之言者，才能够体会真正的民意。执政者必须处处为人民的福祉着想，所以孔子认为，从政者必须尊五美、屏四恶。

《论语·尧曰》记载：子张请教孔子，怎么才可以从政？孔子回答：“尊五美，屏四恶，斯可以从政矣。”五美指：“君子惠而不费，劳而不怨，欲而不贪，泰而不骄，威而不猛。”也就是给人民好处自己却不破费，使人民劳作而不使他们怨恨，要追求仁德却不贪取财物，庄重而不傲慢，威严而不凶猛。把人民应该获得的利益赐给他们，使人民得到好处，不就是给人民施惠但自己并不破费吗？选择可以劳动的时间和对象使用民力，人民自然不会心生怨恨。自己想求仁德而得到仁德，怎能说是贪财呢？不论人多或人少，势力大或势力小，都不敢怠慢，便是舒泰而不骄傲。衣冠整齐、仪容庄重、态度严肃，令人见而生畏敬之心，即为有威仪而不凶猛。“屏四恶”指排除以下四种恶政：不教导民众便加以杀戮，称为虐待；不多方告诫就督责要求其成果，叫作残暴；先前下令时宽缓，后来限期急迫，即为贼恶；要给百姓的财物，发放时吝啬刁难，成为弄权的官僚。“五美”是正面的作为，“四恶”则是负面的表现。

公职人员应当奉公守法、廉洁自持。官场的陋习，必须从自己开始，设法加以改掉，务求“照顾全体人民福祉”的意志得以步步落实，然而困难和阻碍在所难免，应该秉持“仕而优则学”的原则，时时充实自己，谨言慎行，虚怀若谷，在自己的岗位上奋进不懈。务期使政治理想走入民间，获得民众的爱戴与支持，如此方为恪尽职守，才能心安理得。

传文（二）

《诗》云："殷之未丧师，克配上帝。仪监于殷，峻命不易。"道得众则得国，失众则失国。是故君子先慎乎德。有德此有人，有人此有土，有土此有财，有财此有用。德者本也，财者末也。外本内末，争民施夺。是故财聚则民散，财散则民聚。是故言悖而出者，亦悖而入；货悖而入者，亦悖而出。《康诰》曰："惟命不于常！"道善则得之，不善则失之矣。《楚书》曰："楚国无以为宝，惟善以为宝。"舅犯曰："亡人无以为宝，仁亲以为宝。"

今译

《诗经·大雅·文王》里说："殷朝没有丧失民心的时候，还能与上帝的要求相符。请把殷朝作为鉴戒吧，获得上天赋予的重大使命是不容易的事。"这是说，得到民众的拥护就能获得国家，失去民众的拥护就会丧失国家。所以有修养的人首先要注重修养自己的德行。有德行才会有民众愿意跟随，有民众跟随才会有领土，有领土才能有财富，有财富才能提供给国家使用。德行是这一切的根本，财富是末节；如果忽略根本而重视末节，就会和百姓争夺利益而实行劫夺之术。所以，君王聚敛了财富，民心就会离散；君王把财富分散给大众，民心就会归聚。所以，说违背情理的话，别人也将用违背情理的话来回应；用违背道义常理的手段敛聚得来的财富，也会被他人以违背道义常理的方式夺走。

《尚书·周书·康诰》里说："上天赋予的使命不是永久不变的。"这是说：心存善良就能得到天命，心存不善就会失去天命。《国语·楚语》说："楚国没有什么可以作为宝物的，只有'善'是他们的宝物。"晋文公的舅舅子犯说："流亡在外的人没有什么宝物，只是把仁爱亲人当作宝。"

引述

西周的建立，先由周文王奠定良好基础，再由周武王完成。所以西周开国的国君，通常是文武，也就是父子并称的。文王施政，以仁厚为原则，尊敬年长的人，爱护年幼的人，特别能够礼贤下士，被各国诸侯公认为最有资格做天下共主的人物。《诗经·大雅·文王》以追述文王的德行与天命的不易，来劝告后世的君王。诗中先说明：天命是没有一定的，有德则天命之，失德则天弃之。殷朝的故臣魁伟而且敏捷，到周京来助祭，行礼时仍然穿戴商代的冠服，周室也不加以禁止，看到天命的转移与商周的兴替，各位忠君爱国的臣士，怎么可以不怀念文王的德行呢？接着勉励大家要修明自己的德行，以求与天命相配合。当殷朝没有丧失民心时，足以与天命相配。一旦其行为不能与天命相配，便丧失民心而被周朝取代。承受天命，实在很不容易，大家一定要好自为之。上天的行事，既无声，又无味，很难预测，只有以文王的德行为法则，才能永续经营。

命，是指人力所无可奈何的事情。我们做一件事，不论怎么努力，结果如何，实在不是我们的力量能够决定，也就是我们自己所不能控制的。孔子说："尽人事以听天命。"意思就是我们能够控制的不过是自己有没有尽力，至于结果如何，仍然有待于命的决定。乐天而知命，既可以无悔无憾，也不怨尤任何人，如此才能保持内心的喜悦，不致怀忧丧志。同时，把成功归之于命，对我们也是一种鼓励。孔子一生"听天命"，实际上仍是奔走不息，被隐者讥为"知其不可而为之者"。孔子"五十而知天命"，恰好从五十岁开始，孔子才从事政治活动。他不计较成败，只知道尽力去做，所以《论语·宪问》说："道之将行也与，命也；道之将废也与，命也。"因为已经尽力，所以无论成败，孔子都能够心安理得。

《易经·系辞上传》指出，《易经》的道理与天地相似，所以不致违背自然之道。能了解《易经》周全涵盖万物之理，足以匡济天下，行为就不会过头。把易道普遍地推行于天下，乐从天道，谨守本分，即为乐天知命，便不会忧愁。能够安于所处的环境，并且敦厚地施行仁义，就可以博爱天下的人。从事治理公众事务者多读《易经》，凡事依易理而行，应该就能对"尽力而为"这部分产生很大帮助。而"自天佑之，吉无不利"更启示我们：德行良好，可以获得上天的佑助，对天命所归，有很大的影响。用自己的德行来改命，是有效的途径。

道家比儒家更重视命，主张到了无可奈何时，要安之若命。庄子认为“命”和“义”都是必然而不可易的，子女爱父母，是命；臣为君工作，是义。只有墨子反对命，认为信命必然废事。人原本就有惰性，很多人好吃懒做，信命就更加不肯努力工作。命，不过是懒人自我解嘲的一种说法，因此墨子主张“非命”。实际上任何事情的结果，都不是人力所能决定的，这使我们不得不认为有命；但是，推本究始，命从哪里来？我们从“命”字由“口”和“令”两个字组成，可以推知“命”即是“口令”。问题是：谁下的口令？现在我们已经明白，原来命是自己所下的口令。自作自受，不过是把不能解释的部分，用天来表示而已。我们“尽人事”，是指看得见、摸得着的部分；至于看不见、摸不着的部分，则称为“听天命”。

“有德此有人”，可以分为两层含义来解释：第一层含义应该是“有德的人，才是像样的人，真正像人的人”。人而失德，实际上和禽兽没有什么两样。这是大家必须时常反省，引以为戒的。第二层含义才是“有德的人，人家才愿意跟他在一起，共同努力做一些好事情”。缺德的人，喜欢聚集在一起，大多做坏事，令人不安。德本财末，并不是不重视财物，而是所有财物必须取之有道。合乎道德的要求，便是不忘做人的根本。我们以德为内、以财为外，便是重内轻外。倘若以德为外，以财为内，那就是轻德重财，变成与民争利，反而造成劫夺的不良示范，十分不宜。

道德这么重要，为什么有人认为道德使人吃亏，常常备受委屈呢？实际上这是对于道德的误解，才会产生这种扭曲的现象。倘若了解道德的起源，原本是古圣先贤用来保护我们每一个人的，那人们就不会误己误人了。为什么道德可以保护我们自己呢？我们以“忠”为例来体会一下。很多人只知道“忠”是下对上的顺从，表示下对上的忠诚。殊不知忠的效果，是上对下的赏识与信任。用忠诚换取赏识与信任，是不是对下位者的最大保障呢？再有能力的人，如果得不到上级的信任，怎么能够放手去做呢？有能力为什么得不到上级的信任，主要原因即在品德修养不够理想，可见道德并不是损己利人的事情，而是利己利人的好事。孝也是一样，孝亲的人，经常获得大家的敬重，从而得益最多的人，仍然是自己。

“道”和“德”，原本各有不同的意义。“道”指行走的道路，“德”则是行道有得于心的意思。现代人走在各式各样的道路上，应该明白道路是方便大家，使大家更加安全、迅速、有效的设施，并不是用来限制我们的行动，使我们吃亏、受委屈的。我们不但有得于心，更加有得于行。道德合在一起，最早出现在《礼记·曲礼上》：“道德仁义，非礼不成。”道德仁义，本来只是空洞的名词，倘若没有具体的行为表现，根本看不出来。这具体的表现，就称为“礼”。“礼节”成为人和禽兽的区别之一，含有“施”与“报”的作用。凡是接受他人恩惠而不知报答，便不合乎礼；接受他人报答而没有施加恩惠于人，同样不合于礼。我们经常礼尚往来，就是道德修养的基本准则。

为人子弟的，平日家居，不要占住尊长的位置，不要坐在当中的席位，不要走在当中的过道，不要站在当中的门口。遇有饮食的宴会，要多要少，不可擅做主张。举行祭祀时，不可充任神主受人祭拜。时时注意父母的意旨，不要等到父母发话或指使。不爬高、不临深，也不可以随便讥讽、评论，或者任意嬉笑。这些最起码的礼节，现代人似乎都忘记了，最好从自己的家庭做起，重视家教与家风。倡导“我们家无以为宝，只有道德才是我们家的宝贝”，并且同心协力，共同勉励，用心实践。

传文（三）

《秦誓》曰："若有一介臣，断断兮，无他技，其心休休焉，其如有容焉。人之有技，若己有之；人之彦圣，其心好之，不啻若自其口出。寔能容之，以能保我子孙黎民，尚亦有利哉！人之有技，媢（mào）疾以恶之；人之彦圣，而违之俾（bǐ）不通。寔不能容，以不能保我子孙黎民，亦曰殆哉！"唯仁人放流之，迸（bǐng）诸四夷，不与同中国。此谓唯仁人为能爱人，能恶人。见贤而不能举，举而不能先，命也；见不善而不能退，退而不能远，过也。好人之所恶，恶人之所好，是谓拂人之性，灾必逮夫身。是故君子有大道，必忠信以得之，骄泰以失之。

今译

《尚书·周书·秦誓》里说："如果有这样一位臣子，为人忠实诚恳，没有别的本领，但心胸宽厚，有容人之量。别人有才干技能，就好像自己有才干技能一样；对别人的美德圣明，能发自内心地喜好，而不只是在口中加以称道而已。像这样的臣子要予以接纳包容，这样能够保护我的子孙百姓，对社稷有所帮助！倘若别人有本领，便嫉妒他、厌恶他；别人有美德智慧，便加以压制，使他不能顺利通达。这样的人是不能包容的，因为不能够保护我的子孙百姓，而且可以说很危险！”有仁德的君主遇到这种恶臣，就把他们流放，把他们驱逐到边远的四夷之地去，不让他们与自己同住在中原。这就是说，只有仁人才能爱护好人，也能厌恶坏人。发现贤明的人而不能推举荐用，推举荐用而不能让他领先自己，这是怠慢；发现恶人而不能罢免，罢免了而不能把他驱逐得远远的，这就是过错。喜欢众人所厌恶的，厌恶众人所喜爱的，这就是违背人的本性，必然会有灾祸降临其身。所以，做国君的人必然遵循一个常理大道来治理国家，那就是：凭借忠贞信实的态度，以获得天下；若是骄奢放纵，便会失去天下。

引述

秦穆公攻伐郑国，蹇叔极力谏阻，秦穆公不听，由于郑国有所戒备，结果大败而还。秦穆公悔恨之至，写了一篇《秦誓》，大意是：责骂他人并不困难，但是受人指责，而能够像流水一般顺畅地接受，实在十分困难。结论是：国家倘若危险不安，是由于我的关系；国家如果繁荣安宁，也几乎是我的幸福。秦穆公这种把国家兴亡的责任都担负在自己肩膀上的精神，实际上已经内化为中华民族特有的政治思维。大多数的士大夫，都能够以天下为己任，承担“国家兴亡，匹夫有责”的重任。

一个人的好恶，并不是自己说了算，必须好人说他好，加上坏人说他坏，如此才算得上是真的好人。倘若好人、坏人都说他好，未必真好。当然，好人、坏人都说他坏，那就是真坏。何况还要经得起时间的考验，因为日久见真心，瞒得了一时，瞒不了永久。人家说我们不好，我们用不着辩白，最好自己反省、调整，以期表现得更好。人家称赞我们，千万不能得意忘形，而是必须检讨自己：是不是真的好？如果是真的，不但要持续下去，而且要不断改善。万一不是真的，是人家看错了，那就将错就错，在人家尚未发现之前，让自己由不好转变成好，岂不是一大乐事！

《论语·里仁》记载：“唯仁者，能好人，能恶人。”意思是只有仁人才能够爱人爱得对、恶人也恶得对。因为仁人的善恶标准，在于合不合乎正道，所以他的好恶标准，也能够合于正道。仁人只存公心，没有私心，因此对好恶的判断，自然合乎正道。又说：“不仁者不可以久处约，不可以长处乐。仁者安仁，知者利仁。”一个没有道德修养的人，不可能长期过穷困的生活，也不可能长久处于安乐的状态。因为长期穷困，就会为非作歹；而长久安乐，也会骄傲奢侈，败坏社会风气，造成社会不安。仁者是具有道德的人，认为道德带来人生最大的乐趣。智者知道仁的好处，也能够行仁，把道德当作生活的规范。《礼记·表记》也有同样的说法：“仁者安仁，智者利仁，畏罪者强仁。”加上一句畏惧犯罪的人，为了免于遭受刑罚，才勉强行仁，原文并且说明了“仁”是便于推行的，就像一般人的右手，行使起来十分方便；“道”是要勉力推行的，好比我们的左手，稍感不便。“仁”是以人情的相爱为出发点；“道”是我们所常行走的路，以合乎法则为出发点。过分笃厚于仁的，往往义就行得不够，因此对人亲爱却缺少尊敬。至于过分重视义的，仁就行得不够，以致对人尊敬却缺少了情爱。道有至极的道，有合理的中道，也有可以参考的道。行至极的道，可以为天下王；行中道可以强霸诸侯；行有法可以遵循的道，则可以免除过失。

现代人对于发展科技的热衷，固然为人类的物质生活、经济发展带来很多的好处；然而，若是随着科技的进步，毫无节制地研发制造杀人武器，也会为人类带来同归于尽的严重威胁。物质文明高度发展，导致物欲横流、利令智昏，道德被抛诸脑后，这也是常见的事实。要想挽救这样的危机，根本的办法就只有恢复固有道德。因为有道德才有国家的安全，有道德才能完成世界大同，有道德才能在和平中谋求顺利发展的共同理想。

一切向钱看的恶劣风气快速地滋长，但求一夕致富，却不择手段的案例，令人十分忧心。现代人类的堕落、迷失，社会风气的污浊、腐败，完全是忽视道德所造成的恶果。为了挽救人类的向下沉沦，也为了避免环境被日趋破坏，必须及早从自己做起，重视品德修养，坚定德本财末的信念，以大学之道，来自勉和共勉。

把自己落实大学之道的心得，以及实践的经验和具体的成果，与他人分享，务求由近及远、由小而大、由低而高，使大学之道，成为每一位为公众服务的人都能够知而行之的常则。果能如此，则对于当前的世界，必能产生极佳的贡献。

传文（四）

生财有大道。生之者众，食之者寡，为之者疾，用之者舒，则财恒足矣。仁者以财发身，不仁者以身发财。未有上好仁而下不好义者也，未有好义其事不终者也，未有府库财非其财者也。

今译

创造财富有个绝佳的途径：劳动生产的人众多，而食用、消耗财物的人少；劳动生产的速度快，而使用财物的速度缓慢，那么财富就可以经常充足了。有仁德的人利用财富来发展自身的生命价值，没有仁德的人不惜以生命为代价聚敛财富。没有在上位的人喜好仁德，而在他领导下的人们不喜好忠义的；也没有喜好忠义而事业不能完成的；没有国库里的财物不是属于国君的。

引述

《论语·颜渊》记载子贡问政。子曰：“足食，足兵，民信之矣。”孔子把充足粮食，修整军备，以及使人民信任统治者，当作为政的首要任务。如果不得已的话，可以先去兵，把修整军备的工作暂时放置一旁。不得已还要去掉一项时怎么办？孔子回答：“去食。”因为自古以来，人都免不了一死。人民如果不信任政府，国家的威信就会无从建立。

我们发展经济，必须以诚信为本，这才是真正有道的国家所展现出的良好气象。以诚信立国，才能够以诚信结合人民的力量，各行各业，也跟随着以诚信为基本信念，抛弃狡变、猜疑、凶暴等种种恶行，社会才能够和谐安宁。《论语·公冶长》里说，孔子想派弟子漆雕开去担任官职，漆雕开说：“我对做官这件事还没有信心。”一个人的信心，最好来自他人的信任，而不是盲目的自信。从事治理公众事务的人，倘若在这一方面时时自感不足，于是谦虚有礼，在工作岗位上奋进不懈，便能以自己的诚信来感应他人的诚信。

现代人大多对道德感应的力量丧失信心，不得不求助于法治。我们当然不反对法治，却更加欣赏以法治为基础的礼治。因为法治充其量只能保障人民的权利，只有礼治才能激发人民自觉的责任。人与人相处，不能获得权利的保障，固然令人忧虑。然而，不能引导彼此的情感，表现为相互的责任，那就更为可悲。人类一旦对道德失去信心，可以说是从根本上动摇了人与禽兽的差异所在。我们不能把所有的希望都寄托在法治上面，倘若因此而丧失羞耻感，更是得不偿失。

中华民族是创造《易经》的民族，我们每天都在运用《易经》的道理，很多人居然对伦理道德还没有足够的信心，认为伦理道德可以用来修身，但要用以治理众人之事，就实在没有太大把握。现在，我们已经把大学之道，由修身、齐家、治国研讨到平天下，如果大家依然对道德感化存有疑虑，是不是应该从头来过，把“内圣”的功夫再修炼得更为扎实些！

“我欲仁，斯仁至矣”，这是再简便不过的事情。“仁者以财发身”，深切了解钱财只是工具，把它用来增进自己的品德，便是正确、有效的方式。不仁者则刚好相反，为了不正当的财物，竟然毁坏自己宝贵的身体。“仁者人也”，真正的意思是“仁”才是“人”的真实生命。只有仁心在内、礼节在外，伦理道德的力量才能够顺利地发扬出来。

现代很多人宁可相信金钱的力量、法律的限制、暴力的威胁，却不相信良心道德的力量。偏偏21世纪又是心想可以事成的时代，我们已经由无意识的演化进入有意识的演化，必须赶紧调整我们的观念，以免自作自受，徒然折磨自己。实际上，儒家当然明白人的欲望原本可善可恶。我们肯定人有罪恶，而且时时都可能作恶；但是，所有罪恶都是由于一念之差所造成，也可以说是一种变态。只要格物致知的功夫做得好，能够诚意正心地面对道德，这些变态之心，就能够经由自觉、自律的过程而逐渐恢复常态。譬如富与贵，原本是人之所欲，只要坚定“必须合乎正道”的心，不以其道得之就弃之不顾，如此一来，希冀富贵的欲望，又有什么可怕的呢！

中华文化从来不仇富，只要求君子爱财，取之有道。致富之后，也不要太炫耀，以免引起更多不平之怨，导致社会的不安。

也不能奢侈浪费，以免破坏社会的善良风气。富家子弟，应该培养勤劳俭朴的美德；穷人家子弟，不必羡慕富贵生活，反而人穷志不穷，道德修养不能因而不加以重视。

传文（五）

孟献子曰："畜（xù）马乘（shèng），不察于鸡豚；伐冰之家，不畜牛羊；百乘之家，不畜聚敛之臣。与其有聚敛之臣，宁有盗臣。"此谓国不以利为利，以义为利也。长（zhǎng）国家而务财用者，必自小人矣。彼为善之，小人之使为国家，灾害并至，虽有善者，亦无如之何矣！此谓国不以利为利，以义为利也。

今译

孟献子说："有畜养马匹作为车骑的大夫，就不该计较鸡猪的小事；有资格凿冰块行丧祭礼的卿大夫，就不该再饲养牛羊；拥有百辆兵车的诸侯之家，就不该雇养只会聚敛财富的家臣。与其有搜刮民财的家臣，还不如有偷盗自家府库的家臣。"这是说：就国家而言，财富不是利益，而仁义才是利益。治理国家的人，却尽力去聚敛财货，必然是受了小人的影响。领导者还以为这些小人是好人，任用他们来治理国家，结果天灾人祸齐来并至。到了这境况即使有贤明善人来相助，也已经没办法挽救了。

所以说，国家不应该把物质财富看成利益，而应该以仁义作为利益。

引述

政治上的伦理和伦理上的善恶，有时未必一致。徒善不足以为政，想做一个品德完全没有缺失的人，最好是出家，对世事不闻不问。一旦从事治理公众事务，特别是治理国事，必须明白只积小善也足以误国的道理。君王爱国，不能够专注于洁身自爱，还得要顾及国家的利害。自古以来，为天下者不顾家，有时候甚至于家人的亲情都难以保全。

为政以德，一般人解释为通过道德的感化来治理众人的事务。实际上，孔子十分尊重礼治，也就是德治离不开法律制度，所以称为礼治。为政以德，应该是制定制度、执行制度以及修订制度的人，自己必须重视品德修养，以有德的人士来实施制度化管理，使其提升层次，成为人性化管理，这样才能获得良好的效果；但是人口一多，就形形色色，有品德良好的人，也一定有品德不良的人。特别是治国，大致上人民有权选择国家，在现代也可以申请移民，反而是国家很难选择人民，只要在本国生长，就要接受其为国民。任何国家，有君子必定有小人。从事政治工作，固然择人十分重要，知人善任成为首长的必要能力；然而，选对的人也可能变坏，所以必须设置刑罚，以使人有所警戒。不能为了不忍心杀人，便废止死刑；不应该为了好心，就姑息养奸，造成更大的祸害。不从政便罢，从政就必须面对这些不可避免的变量，不能只顾自己做好人，却耽误了公事。过分重视个人形象，标榜自己的清高，并不是理想的政治人物。

贪财固然可怕，贪名也令人十分担忧。贪财或贪名，都应该适可而止。掌握到合理的度，实在不易。而且，从大众的反应来调整自己，叫作“吾从众”。获得大众的拥护后，再适时发挥适度的参考力，使大众主动仿效，产生及时导正的力量，这才是有德有能的政治家。

明辨君子与小人，是有效领导的基础，但是只可铭刻在心，却不应该直白说出口。春秋时代齐国的宰相管仲就曾经说过：有道明君，并不显示智能聪明。表现智能聪明的是干部，善用智能聪明的能臣，才是明君。上司使部属心生畏惧，于是下属不敢说话也不敢变通，只能唯命是从。用办公的心态来办事，事无大小，一律向上请示。例行例外，一切依法办理，势必造成因循苟且，很难有所成效。

基层人员依法办理，不过是务实的表现，这样的人不足以担任主管。我们需要的主管，必须具有持经达变的能力，足以依理办法，也就是参考法令，衡量当时的情理，经由衡情论理，找出合理的办法来加以处置。可惜现代人缺乏担当，只敢“依法办理”，却不敢“依理办法”，一方面使得法的公信力愈来愈薄弱，另一方面主管的能耐也愈来愈差劲。首长不放心，基层员工不热心，完全是干部公事公办的心态所造成。“依理办法”，由于这种思维和西方相距甚远，反而被认为落伍、不够现代化，甚至于想要加以改变。以聚敛财富为政治目的，必定导致灾祸，这种因果关系合乎科学“种瓜得瓜，种豆得豆”的法则。因果报应，被宗教应用得多了，才让人产生迷信的疑虑，我们不能因此怀疑因果关系的必然性，更不能不以义为利。

《易经》的道理，告诉我们君王若能勤修德政，纵使遭遇灾变，也能够致福。我们说天人合一，意思是人能明明德，又以亲民为主轴，已经合乎天理。在这种情境下，人定是可以胜天的。物竞天择，动植物以顺天为主，顺乎自然规律，所以适者生存。人类不一样，我们顺天应人，顺乎自然却不能听其自然，因为我们具有动植物所没有的自主性和创造力，所以“天视自我民视，天听自我民听”，人力是可以主导的。但是必要的条件，仍在于顺乎自然。人类的因果报应与动植物相比较，显得变化多端、难以预料，便是因为受到各种人力的影响，而变得错综复杂，不容易了解。

历史告诉我们，人群社会治少乱多，而且治久必乱、乱久必治，似乎治乱互为因果，难以避免。君子虽然能为善，却不能保证必得其福，不做坏事，也不能保证必免其祸，于是把责任推给小人，曰“小人当道，君子受害”云云，所以招致衰乱。其实小人当道，正是君子无能，不足以防止小人的侵害所造成。所以，君子除了修养道德，还需要具备才能，这样才能逼使小人无能为力，奸计无法得逞。中华文化中道器不分家，大学之道，仍须以合理的方法和技巧来促其实现，并不是空谈道德或者修养良好，就能够齐家、治国、平天下。品德良好，各种方法技巧应用起来，自然合乎天理人性。倘若品德欠佳，恐怕方法越精准、技巧越纯熟，大众就越不幸，那就成了小人当道、为非作歹了。

既然“徒法不足以自行，徒善不足以为政”，我们就应该把“法”和“善”结合在一起，务求道器相依，使大学之道在现代的环境中具体落实，并且效果良好。我们应尽速恢复对品德修养的信心，坚定道德应该是最高信仰的信念，发扬中华民族原本具有的刚毅之气，站在天定胜人的大前提下，不放弃人定胜天的愿望，并及时恢复民族自尊心，以自己的“道”，来妥善运用西方数百年来快速发展的“器”和“术”，以期现代化管理也能够适应本土的人情世故。返本开新的功夫使得大学之道这棵老树生新枝，开出了有利于本土文明的美丽花朵，却不背离原来的根本。

管理实践篇

第一章

读书明理，勤于学习

“学而优则仕”这一句话，几千年来始终存在于我们中国人的脑海当中，大家都非常熟悉。什么叫“学而优则仕”？一般人的解释是你把学问做好了，甚至于再偏窄一点，你求学阶段成绩很好，你就应该出来做官。这种观念不是对不对的问题，而是对原来那句话的理解已经有一点偏差，有一点扭曲。

“学而优则仕”，这句话最先的出处是《论语》，但不是孔子自己讲的，是孔子的弟子子夏说出来的。“学而优则仕”，这里面有三个重点，一个是学，一个是优，一个是仕，而真正的关键在那个优字，这个优不是好坏的意思。我们今天说学业成绩优良就叫优，但是“学而优则仕”的优好像不是这意思。优的意思是你有余力，你还有剩下的力气。剩下力气干吗？来为人民服务。所以“仕”应该解释成为人民服务。接下来，我们具体讲一下“学”的问题。

一、学有三要点

学，其实在儒家来讲是个非常重要的观念，绝不是我们现在一般人说的“学习、学问”。学，最起码有三个要点。

第一要点：慎选所学。

我们要慎选所学的东西，要选择，要明辨，不要上当，因为很多杂乱的资讯真的会弄得很多人不知所措。尤其是现在，网络上无奇不有，什么都会出现，根本学不完，学了半天都是没有用的信息，这不是浪费时间吗？这就是学为什么要有老师的原因。以前的人都认为要重视师承，老师讲的话要谨记在心，终生不忘，然后一辈子照老师说的去做。我们现在看来，好像也不是那样。老师的任务是选择合适的学问，因为他阅历比较广，他看得比较深，了解得比较多，面对各种不断出现的资讯，他有选择的能力，他会判断哪些是真的，哪些是假的，哪些是好的，哪些是坏的。所以，今天老师的任务其实跟以前的老师不太一样。不要一直认为老师就是教给你知识、教给你学问的人，今天老师的任务是替人选择合适的教材，而且安排好次序，这个叫作慎选。因为今天我们进入网络时代，你一上网，蒙了，这个是真的还是假的？不知道；这个是该用的还是不该用的？你也无从选择。

从今天开始，我们一定要端正我们的思想观念，其他才有办法导正。所以我建议，要“出仕”，要当官，想为人民服务，首要学三本书。

第一，《论语》。什么叫《论语》？“论”，言字旁换成车字旁，就是车轮的“轮”字。大家想想看，人类伟大的发明是什么？不要光认为是什么航天科技或者其他什么，其实还有轮子。我们想想看，很多东西其实都需要轮子。轮子诞生的基本构想，就是周而复始，循环反复。人类的文明离不开轮子，我们现在常说历史的车轮，就表示时间像轮子一样向前。所以，《论语》就是用嘴巴讲的轮子，它有两个意义：一是做人做事的基本法则，不读《论语》，怎么懂得如何做人做事？二是以身作则的榜样，要以什么作则，把《论语》拿来看，照《论语》去做，就以身作则了。

第二，《易经》。什么是《易经》？《易经》就是我们每天都在用的东西。很多人都觉得不可思议：我每天都在用，怎么我根本看不懂《易经》？这是怎么回事？其实太简单了，一句话就可以讲得很清楚，叫作日用而不知。就是因为你太熟悉，用到浑然不觉，自己都不知道在用《易经》。如果你真的接触深入一点，真的稍微进去一点点，就会恍然大悟，原来我一睁开眼睛就在用《易经》。如果我们一直这样懵懵懂懂下去，那就比较危险，因为那个舵掌不稳。我们读了《易经》以后，还是照样过日子，还照样地生活，但是舵会掌得比较稳一点。

第三，《大学》。为什么要学《大学》？因为《大学》讲的本来就是为官之道，只是古人不敢讲，古人把它变成修身养性的经典，对为官之道遮遮掩掩。为什么？有没有证据？当然有。孔子跟鲁哀公在一起的时候，鲁哀公就问过孔子："人道孰为大？"——人世间的学问什么最大？孔子说："政为大。"政治是所有事情中最重要的。我们今天动不动就说，政治的归政治，经济的归经济，那都是骗人的，做不到就是做不到，任何一个环节都离不开政治，这才是真话。今天大家不讲真话，我们也没有办法，瞒来瞒去，骗来骗去，最后都是骗自己。

在工作中，任何一件事情都离不开政治，人类本来就是官本位，我们要从这个角度来谈怎么做得正，怎么做得好，而不是避要出仕，要当官，要为人民服务，必须学好三本书——《论语》《易经》《大学》。

——曾仕强《为政之道》

重就轻，只谈一些没有用的东西，然后把大家的视听都搞混淆了。

《大学》是完美的政治哲学，现在的话就叫作管理哲学。每个国家每个民族，都有管理技术，都有管理科学，就是没有这么完整的管理哲学，我们有这么好的东西，为什么不拿来用呢？

读完《大学》以后，你或许会发现，我们现在的很多观念是把对的看成错的，把错的看成对的，然后可能会感到很焦虑，感觉很不安；但是这没有意义，学习的结果就是四个字而已：化繁为简。《大学》这套管理哲学是很繁杂的，如果不能把它变得很简易，那就是没有读通。我说清楚一点，任何一个问题，不管它多复杂、多困难，如果两三句话不能把它讲透，我劝你就不要讲了，因为那就说明你根本不通，只要通，两三句话就解决了，这个叫作“约之以礼”，《论语·雍也》和《论语·颜渊》都谈过。约之以礼就是从看得见的礼去推那个看不见的意。礼是看得见的，意是看不见的，我们天天讲意，意在哪里？它是看不见的。

在《论语·述而》中，孔子讲得很清楚：“三人行，必有我师焉。择其善者而从之，其不善者而改之。”三人走在一起，其中一定有一个值得我学习的人。他为什么说一个，而没有说两个？现在的人很谦虚，喜欢说“所有人都是我的老师”，这就乱掉了，因为你就不会选择了，那就变成道听途说了。三人行，这个三不是指三个，而是指很多人。多数人在一起的时候，我要去选择，这里面有的人根本就乱讲，有的人似是而非，有的人是有成见的，有的人太固执，那我怎么办呢？我可以选择一个来跟他学习，把他当作我模仿的对象。中国人其实是把老师当作模仿的对象，这样就对了。

第二要点：学而必思。

学一定要跟思摆在一起。子曰："学而不思则罔，思而不学则殆。"（《论语·为政》）光学而不思，那就糟糕了。

有些事情你一想，就知道这个是不对的，可是你不想呢？那就认为是真的了。所以学了以后，不能够不思。思就是思虑、怀疑，也就是深度去想一想，他到底讲得有没有道理，合不合乎自然。学了以后如果不思，那会怎样？就会很迷惘。所以说学而不思则罔。其实，今天我们用的互联网，这个网也就是告诉你，你一上网，你就罔了，你就迷惘了，何去何从，孰是孰非，你根本不知道。所以这个时候，你就要发挥思的功能，思是什么？就是往这边想一想，再往那边想一想。为什么要三思而后行，就是这个道理。

我们要自己去考虑，一个人讲得很有道理，那谁讲得没有道理？每一个人讲的都是片面的道理，我们要提高警觉。我们还没有发现一个人能够把所有道理讲得很周全的，我们所碰到的人都是讲片面的道理，听起来似乎都很有道理，但是到底对不对，我提供给大家一个判断的标准，就是看合不合乎自然的道理。如果听起来觉得很合乎自然，就可以初步地相信，然后再去测试，经过反复地实证，最后才确定要不要相信。如果它根本不合乎自然的道理，那我劝你连听都不要听，听完就把它忘掉，这样一般不会受害。

第三要点：融会贯通。

慎选所学、学而必思之外，还有一个要点，就是要融会贯通。今天的人很重视专业，但什么叫作专业？其实就是不能贯通，才叫专业。人，一定要记住，不是说学了就拿去用，也不是把知识记在心里边。孔子告诉我们，学则不固——学只是让你不固执而已。你没有学一些理论，不知道其他办法，所以非这样不可。可是学了以后才知道，原来不只有这么一种方法，还有其他更多的方法是可以选择的。不固执是很重要的，一个很固执的人，很难学到新的东西，看这个不是，看那个不对。你怎么知道它不对？因为它和你的想象不相符合，你就马上说它不对，最后吃亏的是谁？一定是自己。学了以后你才知道，原来又多了一个参考的方案，又多了一样值得拿来比对、拿来分析、拿来选择的新资料。所以，不要马上断定一件事情对与不对，因为我们实在没有这个能力。

学有三个重点：慎选所学、学则必思、融会贯通。
——曾仕强《为政之道》

我们把所学的道理归纳成非常简要的四个字，叫作行事规则，现在很多人是没有行事规则的。一个人学得优或者不优，就看他有没有自己的行事规则。动不动就查书，动不动就上网，动不动就说这是谁说的，这种人一定是不优的。孔子告诉我们学则不固，但是到了紧要的时候，到了你要用的时候，不能不固，需要固的时候，不固也不行，那就要择善固执。大家马上发现，先说学则不固，告诉你不要固执，转而马上告诉你要择善固执，这是什么道理？这就是《易经》讲的一阴一阳之谓道。所以，看起来好像中国人总是摇摆不定，脚踏两只船，说话不算数，其实不是。谁能够说话算数？当一切都在变动的时候，谁说话算数？只有一种人说话算数，就是说得含含糊糊的人才说话算数。现在都要求说话不能含糊，可是根本就做不到，这就是我们自己不通的一个表现。你自己都不通，怎么去要求别人？所以学而优则仕，这句话是所有中国人都应该深入去了解的。不固执才会变通，不会变通，就只有专业而不是通才。我们所需要的其实是通才，我们不得已先从专业开始，但是专而不通经常是害人害己。

二、学而优则仕

光是一个学，我们就要重新来认定它，学什么、怎么学，已经非常麻烦了。那么，学的成果怎么样，又怎么鉴定呢？就看你优不优。优不是优秀，不是优良，不是成绩好就叫优，而是说能不能像庄子《庖丁解牛》所说的那样，面对一头牛，心里就有数，下手动刀能游刃有余地分割开来。一句话，如果你做事情做得很辛苦，我们讲句不好听的话，就表示不够优。你不能悠然自在，你不能自得其乐，就不够优。

我们现在把优解释得太偏窄了，老师评价的成绩是优，但那个成绩没有用，也不可靠，因为每个老师的标准不一样，每个学校订的成绩标准都不一样。所谓的优的层级也不同，那根本不能证明什么。你当一个科长，能把科长当得很好，才叫优；你当一个地方官，能很有把握地把地方的事情处理好，这就叫优。所以，优也有三个条件。

第一条件：有本事。

我没有讲要有能力，今天的人动不动就讲有能力，这是非常糟糕的观点。你有能力有什么用？我曾问过很多年轻人：你有能力有什么用？你有能力，人家不欣赏你；你有能力，人家怕你；你有能力，人家根本就不让你做，那你能怎么样？西方人喜欢讲有能力，我们讲有本事。什么叫本事？大家把本事跟能力来比对一下，马上就知道，一个有能力的人多半会看不起人家，只要你一看不起人家，你的阻碍就来自四方八面。一个有能力的人多半对自己很有信心，别人的意见听不进去，有时候就会吃眼前亏。有人给你提意见，是因为他们身临其境，在那里待那么久了，远远比你更清楚那里的具体情况。而你刚来，如果刚愎自用，不听取别人的意见，难免会自掩前途。我们一定要很清楚地了解，一个人有本事，就是你有能力之外，还能够使人家接受你、欢迎你、认同你，这个是高难度的。只要一个年轻人觉得自己有能力，但他感觉很委屈，这就是没有本事的表现。

一个人有没有能力，是别人认定的，不是自己说了算的。你觉得自己有能力，但是所有人都看你不行，那你就是不行。就算你有能力，你也必须站在对方的立场来将心比心，使他很乐意地接受你，甚至进一步地欣赏你，最后他自觉来配合你，那你就游刃有余，这就叫优，否则就不是优。

第二条件：守本分。

我们发现一个问题，就是有能力的人经常是不守本分的人。这个本分，就是孔子一再提醒我们的：不在其位不谋其政。让我感觉很难过的一点，就是我们只会背孔子的话，但是根本不了解它的意思。我们现在说不在其位不谋其政，意思就是自己顾自己，这就是所谓的本位主义，结果就是不关心别人了，我认为完全不是这样。很多人喜欢说“各人自扫门前雪”，不管别人的事，隔壁有多少雪，跟自己无关。其实大家应该这样理解，做任何事情都要先从自身做起，然后才能推己及人。你自己家里都扫不干净，要去帮别人扫，怎么做得到？你根本就不用说话，先把自己家里打扫干净，然后就有余力去帮助别人扫。别人一看到你来帮他扫，他就不好意思了，他自己就出来扫了，这才是真正优的本质表现。

> 做任何事情，都要先从自身做起，然后才能推己及人。
>
> ——曾仕强《为政之道》

第三条件：知本末。

一切都在潜移默化之中，不在乎你讲多少话，不在乎你口才好不好，不在乎你有没有魅力，那些都是很无聊的事情，但是现代人就是犯了这个毛病：不知本末。优的人一定要知本末。

我们接着看学而优则仕，这个“仕”字，旁边是个“人”字（单人旁），跟士大夫的“士”字不太一样，士大夫的士旁边没有人字。士大夫就是专门去读书的，而有这样一个人字以后，就表示他是要为人民服务的，所以我们今天把这个官的概念扩得很大。大家有没有发现，各行各业到最后都是服务业。当然还有些人觉得很奇怪，说自己是生产制造业，不是服务业，然后还拿出一个很奇怪的比例，说制造业占多少，服务业占多少，那都是不正确的东西。

各行各业到最后都是服务业，除非不够优，也就是余力不足。比如，制造工艺都成问题了，还能服务吗？但凡你在这个行业里有一些地位，那你的竞争力就有很大一部分来自你所提供的服务。医疗行业也是服务业，而且真正了解真相的人都明白，医生有没有能力是一回事，病人治不治得好是另外一回事，这两个不是完全一致的。所以说病人碰到好医生，给病人用好药，病人就一定会好，这种逻辑是不对的。病人会变好是病人的事情，是病人自己在决定，其实跟医生的关系不是很大。医生只管提供医疗服务，至于病人会不会好，医生根本不能决定，这才叫真相。可是大部分人不这样认为，而是觉得自己碰到好医生就有救了，哪有这回事？

所以，我们要把这个“仕”重新界定。今天各行各业的领导，到最后都在当官（仕），都是要服务人民大众。我这话并没有过分，我们先从国有企业看起，国有企业的老总哪个不是当官的？民营企业的老板忙几年，奋斗有所成就，那也可以当官。

我们要把这个仕重新界定，今天各行各业，到最后都在当官（仕），都是要服务人民大众。

——曾仕强《为政之道》

因为中国人本来就是官本位，我们脑海里离不开这个“官”字，甚至于失业了，找不着工作了，自己关起门来，还会幻想一下将来自己发达了，当个官什么的，最起码在家里自己是说了算的。这个观念，我希望大家好好去想一想，很多人是用西方的观点来看，认为不应该官本位，其实错了，全世界都是官本位。美国是资本主义国家，号称是市场导向，真的吗？假的！银行出问题，找当官的来解决，这算什么市场？失业率高了，找当官的来解决……什么事情到最后都是当官的出来解决，这不是官本位是什么？我们不要骗自己。

三、仕而优则学

学是没有止境的。你有没有在学？有。但是有一句话很可笑，常有人说：“我去听了半天，只要听到一句有用的话，我就值了！”我觉得这个人的水平太差了，因为你听了一句有用的话，也听了几万句没有用的话，那些都在你的脑海里。凡听过的必留下痕迹，那些乱七八糟的东西就弄得你脑筋乱得不得了。这样我们就知道，为什么有些影像就是不能让小孩看，有些事情就是不能让小孩知道，因为他一知道就乱了。你越想不去想它，它越浮现在脑海里。比如你很讨厌一样东西，摆在那里多看几眼，看来看去看顺眼了，你就喜欢了，这是会根据你的影像而改变的。你本来觉得这个事情自己绝不会做，不可以这样，也不可能这样，但是多想几次，你可能就做了。西方人是不懂这些的，他们说大家有知情的权利。有什么知情的权利？不该让你知道的，就不应该让你知道。很遗憾，现在没有人敢讲这种话了，这才是人类非常大的危机。因为大家都道听途说，认为那些都是对的，其实那些根本经不起考验。

学有三个层次。第一个层次，叫作受之于人。就是说我自知很粗浅，得到一些知识，我没有能力判断，我就暂时接受，然后提高。第二个层次，叫作得之于己。你要把它变成自己的，这就需要思虑，就要探索，就要比对，就要去请教，然后终于找到一个差不多的路子。我们只能找到差不多的，没有办法找到一定的。什么叫一定？差不多是最高的智慧，但是现在大家一听到差不多，就头大了，就开始要骂了，我觉得这样的人生太可怕了。最后一个层次，叫作敏而好学。敏而好学是说你底子够了，免疫力很强，可以慎断是非了。你很谨慎，不会人家说了你就相信，也不会人家说了你就不相信，这样你才可以广泛地去了解。这是一个一个不同的层次。

全人类的学问，不管中外，不管古今，甚至于未来，我们可以用一句话概括，这也是西方人感觉不可能的事情。哪一句话？就是“一阴一阳之谓道”，所有的学问超不过这个范围。我很少用范畴这两个字，因为太严重了，我们大概只能讲到范围，太少的人有资格讲范畴，但现代人动不动就讲范畴。一阴一阳之谓道，就把所有的学问都包含在内了。有阴就一定同时有阳，阴阳不可能分割。只讲一句话，就是断章取义，就是片面的道理。同时讲两句话，把两句话合在一起，才合乎一阴一阳的道理。我们中国人讲话都是同时讲两句，最有趣的就是当仁不让、礼让为先，或者倒过来礼让为先、当仁不让，这两句话都是同时讲。如果你只听到一句，那是你的事，不要怪中国人两面倒。

《论语》里讲“仕而优则学，学而优则仕”，这两句话是同时讲的，可是我们后代人把“仕而优则学”这句话忘得干干净净，我们只记住“学而优则仕”，所以害死很多人。一个人当了官以后，就开始不学习，别人说他不学习还觉得很冤枉，说自己不是不学习，而是太忙了。我们就请他们看看《三国演义》，里面有这么一段：东吴名将吕蒙很会打仗，只可惜不识几个字，不爱读书，吴主孙权就觉得很可惜，把他叫来说：“你这么会打仗，是很有前途的，但是你以后要领导更多的人，不认字不读书怎么行？”吕蒙说：“不是我不想读书，而是我真的忙得没有时间。”孙权只讲一句话：“是你忙，还是我忙？”吕蒙赶紧说：“当然您忙。”孙权趁机说：“既然我比你忙，我都有时间读书，你怎么可能没有时间读书呢？”吕蒙当即就愣在那里。为了加深吕蒙的理解，孙权又讲了一句话：“我再问你，是我忙还是曹操忙？”吕蒙怯怯地说：“想起来应该是曹操忙。”孙权见缝插针说：“曹操比你我都忙，可是他每天都读书，所以文韬武略，满腹经纶。”从此以后，吕蒙发奋读书。后来鲁肃当了都督，不知道吕蒙已经改变了，依然有点看不起他，可是跟他谈了几次以后，鲁肃就感觉到眼前的这个吕蒙，已经不是当年的吕蒙了。吕蒙对鲁肃说道：“士别三日，当刮目相看。”这种事情是值得我们每一个人参考的。

讲这么多，不如只讲一句话：一个人为什么要读书？因为你只要三天不读书，你的语言就乏味，老讲那么几句话，人家听了就烦。你老讲同样的话，你脸部的表情也没有变化，一成不变，那就叫作面目可憎。有些人的面目就是让人很憎恶，听他的话就觉得很乏味，一个重要原因，就是不读书。

仕而优则学，就表示当了官以后，还有足够的时间可以来终身学习，与时俱进。尤其是现在，为什么？大家想想看，以前当官的很神气，因为所有资讯都在他手上控制着，有公文来，不能给别人看，当官的先看；所有的密件来，别人不能看，只有他可以看；上面打电话来，一定是找他。他有足够的把握，把最重要的资讯、最新的资讯、最机密的资讯全盘控制在自己手上；但是现在做不到了，因为现在互联网那么发达，有些信息可能你还不知道，你的下属就已经全知道了。所以，现在当官的一定要注意，现在的大环境跟以前大不相同了。

我年轻的时候当中学校长，我胸有成竹，反正上面有个什么风吹草动，一定是我先知道，我会怕谁？但是现在不一样了，现在反而是下面都知道了，当官的还不知道，为什么？因为当官的忙，人家把文件摆在你桌上，你没有时间看。当你不能够控制资讯的时候，当你没有把握一切都是先知的时候，你的态度就要改变了。很多企业里老板不听课不学习，手下的领导去听课学习，结果回来以后，老板讲的话，手下的领导就有不同的意见，而且他有比老板更新的一些想法，这个老板该怎么办？我想这是很多企业突出的问题。所以，当老总一定要学习，这是需要终生来做的事情。

第二章

持经达变，肩挑责任

现在，我们都在讲创新，各行各业也在纷纷求新求变。大家普遍认为新的总是比旧的好，而且“新官上任三把火”，好像一定要做点不一样的事情，才对得起这个“新”字。《易经》告诉我们，不可为典要，唯变所适。我们是否真的理解其深意？我们所提倡的就是四个字：持经达变。如何才能做到持经达变，担负起为人民服务的责任呢？这一节，我们就来讲一下。

一、不可片面地求新求变

我们先来问一下：孔子的核心思想是什么？很多人说是忠恕，是仁，讲一大堆，其实都不是。孔子的核心思想其实就五个字：无可无不可。天下没有什么事情是可以的，也没有什么事情是不可以的。什么道理？因为一切都在变动，你说不可，它变可了。以前马路要这么宽吗？那不笑死人！第一个把马路搞到这么宽的人，一定是遭人家笑的：弄这么宽，准备晒谷子？有那么多车吗？可是五年十年之后，就觉得不够宽了，改了，还是不够宽，这是事实。你怎么做，都会有人提意见，所以老子才说：道可，道非，常道。你说可以，马上就有人说不可以，你说这样很好，马上又有人说不好，这是很正常的现象，要不然什么叫常道？

不论是孔子的“无可无不可”，还是老子的“道可、道非、常道”，这些都是从《易经》来的。《易经》里有一句话，叫作“不可为典要”，也就是佛经里讲的“不可执着”。那要怎么办？唯变所适，可是唯变所适经常被解释错了。我们现在比较遗憾的，就是我们自认为懂那些话的时候，基本上从一开始就理解错了，那怎么办呢？比如，物竞天择，适者生存。什么是适者？很多人说是适应环境，能够生存的。我觉得不是这样，适者生存是说你在这种环境下，你还能够生得下后代的，你就生存了。适者不是你这一代，还要有下一代，这才叫作生存。生生不息跟适应环境是另外一回事，只要你后代没了，你就不是适者。所以，我们就想到以前古人说的“不孝有三，无后为大”。有些人会说：这算什么思想？都是封建老旧的观念了。但是我觉得这讲的是最对的，因为只要每一家都不生小孩，中华民族就没了。

适者生存是说在这种环境下，你还有办法把后代生下来，把他养好，让他继续生存，你才是真正的适者。我们看，“生”是生，“存”是存，“存”字下面有一个“子”，就是有后代在才叫存。“存”跟“在”不一样，“在”可能没有后代，本人还在，但是没有后代了。“存”一定要有后代才能存，一个是土，一个是子——没这一块土，就没有立身之地，就不能在了；只有一块土地，但是没有“子”，就没有后代了，虽然也还在，但是不存了。

我们读书，不能只读表面的文字，中国人文化典籍的精髓都蕴含在字里行间，比那个看得见的部分还重要。我讲得很实在，现代人很可怕的一个观念，叫作“求新求变”，这是大家现在经常讲的四个字，它会贻害子孙。美国现在已经求新求变到快没路可走了，就是他们的管理变到不可收拾的地步。全世界很多人都对《易经》感兴趣，美国人的管理，从我们的《易经》中调出来两个字，叫作变易。《易经》有两个意思，一个叫不易，一个叫变易，这两个就是一阴一阳。美国人却认为这是很严重的矛盾，他们认为既然变易，就不应该不易，倘若不易，就不可能变易，这个逻辑把他们害死了，所以他们就把那个不易的部分去掉了，就专门讲变易的部分，叫作contingency。我们再把它翻译过来，叫作权变理论，然后就说太好了，要变，变到最后没有根本了，变到最后根都断掉了，变到最后就不知道跑到哪里去了。

中国人讲新，一定要把旧合在一起，叫作继旧开新，那就没有错了，只讲新，最后就很惨。我们现在动不动就讲新，而我每次听到创新两个字，我都是不寒而栗，因为它有三个问题已经慢慢出现。第一个，会认为新的就是好的，旧的就是坏的。第二个，一味追求新的，就会喜新厌旧。一个人光是喜新厌旧，那这个人还有什么人格，还有什么价值？第三个，盲目去追求新的，最后连底子都没有了。现在社会上这种危害已经很严重了，但是一般人不懂，总觉得没有这么严重，好像我这样说是危言耸听，这就是本末的本已经不见了。

> 中华文化之所以五千年绵延不断，就是因为我们不是片面地求新求变，而是持经达变。
>
> ——曾仕强《为政之道》

中华文化之所以五千年绵延不

断，就是因为我们没有片面地求新求变，我们只有四个字，叫作持经达变。持经达变就是以不变应万变，可是很多人一听到以不变应万变就嗤之以鼻，觉得又是老调调。稍微有一点哲学修养的人都知道，本质是从来不变的，只有现象在变，原则是不能变的，变的只是方法。中国人穿什么衣服，可以变，但是为什么穿衣服是不能变的。穿衣服是为了保暖吗？我不觉得只是为了保暖。如果只是为保暖，酷暑难耐的时候，为了凉爽衣服就可以脱光了，但是就算是汗流浃背，就算是再热的天，我们也不会脱光了走在大街上，这就表示我们穿衣服绝对不是只为了保暖。

离经叛道就叫乱变。我们现在多半就是在乱变，就是为了所谓的求新求变，为了创新。创新这个词是翻译的错误，innovation不是创新，是创造或者叫作创意，这是可以的，这个“新”是非常可怕的字。我们该怎么办？要为人民服务，第一个就要以《大学》为经。什么叫经？我们现在天天说读经，经就是不能改变的，我们常说经常、常则，不能改的部分就叫经，不然什么叫作经？基本法则不可变，这就是《易经》不易的部分。

孔子认为大学之道是什么？就是要一步一步地推己及人，由亲及疏，这样一步一步地走出去。其实迟早外国人要跟我们学的，因为不走这条路，就无路可走了。我们的政治是从尧舜禹汤到文武周公，一直到现在，从来没有改变过。哪些地方没有改过呢？民本没有改变过，民贵没有改变过。我们从来不提民主，因为那是不可能的事情，现在大家很喜欢幻想，说民主多好啊！我跑过全世界很多的地方，没有一个地方让我感觉是民主的。所谓的民主，那是翻译错误。我请问大家，老百姓是一盘散沙，他怎么做主？现在让老百姓做主，看他怎么做主？最后还是推出几个民意代表，假借民意，然后向政府要特权，这就是民意代表。民主国家现在最可怕的，就是我有选民基础，我有选票，你如果不听我的，我就勒索你，这都是非常普遍的现象。美国有两个党，一个民主党，一个共和党，为什么要争？就是我共和党起来了，我讲话算数；我民主党起来了，我讲话算数。我们以前说只有中国才一朝天子一朝臣，皇帝一改，改朝换代，一切都换掉了，其实美国也一样：民主党起来了，共和党那些人就都下台了。

我们现在不要为我们所不了解的那种虚妄的东西迷惑自己。中国人改朝换代并不重要，因为改朝换代对中华文化来讲不是什么了不起的事情，所以我每次都跟大家讲，三国其实是四个国家，哪里只有三个国家？魏、蜀、吴三个国家，哪个重要？都不重要，刘备兴不起来了，孙权也没了，汉朝也没了，都没有了，最后落到一个司马懿身上。我这样讲大家就很清楚了，中华民族历朝历代有一个没有变的，叫作道统。改朝换代无所谓，只要最终我们的文化道统不变，中华民族就永远存在。只要这个道统没有变，中华文化就不断节，这才是真正了解中国历史的一种看法。

二、明确三大纲领

《大学》给我们三个纲领，清清楚楚，简单明了，因为我们中国人讲究无三不成礼，只要把这三点拿出来，就没事了。你要

《大学》给我们三大纲领：在明明德，在亲民，在止于至善。

——曾仕强《为政之道》

为人民服务，就三句话而已：第一句话，在明明德；第二句话，在亲民；第三句，在止于至善。

在亲民，朱子把“亲”改成“新”，我是一百个不赞成。因为新民按照以前的意思，就是新到我们这里来的人，让他的品德有更新，这才叫新民。为人民服务，当然要亲民，因为民为贵，民为本，所以当然要亲近他，但是亲近他是不是就全听他的？千万不能全听他的，这是我们跟西方观念不同的地方。西方人认为多数是对的，少数是不对的，所以少数一定要服从多数。中国人一听就觉得好笑，为什么少数要服从多数？因为我们随便一想就知道，世界上永远是少数人才是聪明的，多数人都糊里糊涂，要少数聪明的人去服从那多数糊里糊涂的人，那人类一定是退化的。所以，清朝大儒曾国藩说：“风俗之厚薄奚自乎？自乎一二人之心之所向而已！”中国人老早就知道天下之动是一二人而已，不是多数人主导的，这是我们儒家的王道精神，与西方的霸道精神正好是相反的。

“在止于至善”，不是说找到最好的，然后就守在那里不动，那是不可能的事情。止就是停止，在最好的地方固守，不要再让它变动。止于至善是找到此时此地最合理的方式，时一过就要改，又要变了，不变就根本活不了。

我们一方面说要与时俱进，另一方面又说一切都在改变，然后又说要止于至善，这并不表示我们的解释不对。我们会一个一个地分析，首先，这三句话哪一句是核心？我希望大家要了解，三句话连在一起，中国人都是把中间那一句话作为核心，不是前面最重要。一般人都用西方观念，认为前面的最重要。比如智、仁、勇这三方面，仁最重要，智是为了行仁，勇也是为了行仁。如果你有智有勇不能行仁，都没有用。所以，明明德有没有用，就要看到底能不能亲民，不能亲民，了不起是独善其身，顾自己，自私自利而已。所以有的人说，你只要把自己的品德修养好，就能怎么样，其实这句话也不太对。修养品德干什么？受气吗？现在很多人修养品德，修养到最后常常是自己受气，因为你不能亲民，你就只有受气。你的影响力发挥不出来，你就只能委屈受气，然后天天发混账气，感叹老实人受欺负，说这不对那不对，说人心不古，你讲这些话也没有什么用。

止于至善也是为了亲民。什么叫作此时此地最合理呢？要看老百姓怎么看。老百姓认为这样，你再去看这样对不对，如果不对，就要及时去沟通，去协调，既不可以直接接受，也不可以立即否定。我们不是市场导向，老实讲，市场导向是21世纪很危险的一件事情。在20世纪，大家没有办法，因为都不知道，都在摸索，都会相信，现在什么东西一市场化，大概就差不多快完了，一商业化，大概就差不多了，因为几乎所有的罪过就是市场化和商业化导致的。时至今日，如果还不能反省的话，那这个学是学不到位的。

《易经》里讲居中为吉，三个东西，中间的排在最重要的地位。情、理、法，情不重要吗？情是为了讲理，法也是为了讲理。我们一般都说情、理、法，中国人最重的是情，其实不对。情只是个导引线而已，所重在理，而不在情。为亲民而明明德，就不是独善其身，就不是自私自利。亲民的政治必须要求此时此地的合理点，要把它找出来，而且要让老百姓知道这也是随时会变动的，而不能让大家感觉这个政府摇摆不定，一会这样一会又改了。事实本来就应该改的，不改怎么行呢？时过境迁了，不改能行吗？死守三十年前的法令，你会服吗？朝令夕改，有错就应该朝令夕改才对啊！可见，我们以前都是把一句话讲得僵化而固执，这不合乎《易经》的基本精神。

“在明明德，在亲民，在止于至善”，这三句话，明明德为先，不是为重，先不一定重，先后是次序，本末才是重点，这是我们需要明确的。

三、凭良心是根本

现在很多人都在骂，说我们中国人法律不周全，执行不够尽力，然后法制摇摆不定，一切很模糊化。你想想看，21世纪哪个国家不走这条路而能走得下去？现在欧洲也好，美国也好，都开始含糊了，开始要模糊了，开始要摇摆不定了，这叫作“时也，命也”。

我们现在最大的困难、最大的错误，就是硬要分出人治和法治，这两种都是不存在的。哪个国家是人治？你举个例子出来，我不相信；哪个国家是法治？你举个例子出来，我也不相信。世界上只有这两种，一种叫作人治大于法治，一种叫作法治大于人治，没有纯粹的人治，也找不到纯粹的法治。我在学术界太久了，我就觉得学术界老在这个虚幻的东西里去转，去争执，最后找不到真相。这真是一个很奇怪的现象。

徒法不足以自行，没有人，这个法是没有用的，但只有人而没有法，那该怎么走呢？那就没有规矩了。没有规矩，不足以成方圆，所以我们现在一定要很清楚，我们不应该再有那种儒家法家的分歧观念。很多人说中国礼治不够，一定要法治，儒家不够，一定要法家。很多人一直在争诸葛亮到底是法家还是儒家，其实一句话就讲完了，儒家就等于法家，法家不过是儒家的基础，如此而已。

什么叫法家？它有三个主要项目，一个叫立法，一个叫司法，一个叫执法。那什么叫儒家呢？很简单，就是当你立法的时候，你要凭良心；当你司法的时候，你要凭良心；当你执法的时候，你也要凭良心。法家加上三个字——凭良心，就变成儒家了。我们现在为什么觉得法很可怕甚至很讨厌？就是因为立法的时候不凭良心，司法的时候不凭良心，执法的时候也不凭良心，大家怎么敢相信呢？法让人觉得可怕，就是因为立法、司法、执法的环节上违背良心。孔子说，只要凭良心，儒跟法是一体的，没有分别。

法家+凭良心=儒家

我们一定要清楚，一切都有一个本，这个本是什么？《大学》里有一句话："自天子以至于庶人，壹是皆以修身为本。"

自己凭良心就是根本。所以，在孩子小的时候我们不要要求他们一定考第一。书读得好，其实跟将来的发展没有多大关系，因为孩子年龄还小，需要的是积累。我们讲厚积薄发，后发的人才厉害。小时了了，大未必佳，小时候很行的，长大了不一定能有好的发展。很多父母喜欢说自己的小孩聪明，说自己的小孩是天才，我是非常不以为然的，那是在诅咒自己的小孩！因为小孩太聪明就早熟，早熟之后就是早衰。为什么女大要十八变？就是女孩子小的时候并不是很有女性的美，但是随着年龄的增长，渐渐呈现出女性特有的体态，亭亭玉立，生机勃勃。如果不是女大十八变，女孩子从小具有成熟女性的一切特征，很漂亮，很可爱，那还有前途吗？不是被拉去唱歌，就是被叫去跳舞，然后整天担心会被劫色，会被拐骗，会被怎么怎么样，而且书也很难读好，因为很漂亮，难免招蜂引蝶，就算是树欲静，却难免会引得风不止。那些小时候长得不漂亮的女孩子，她才有办法专心读书，然后读了很多书，修养很好，越长越漂亮，这就不得了了。所以很多事情，我们只要按照自然来了解，就可以参透很多道理。现代人可怕的一点就是把明明看得见的自然景象摆在一边不管，却照书本上去追究那些很奇怪的东西，这是我们必须要去了解的。

我们每个人天生都有一个很美好的品德，只是后天被污染了。那么谁是第一个污染源？父母就是小孩第一个污染源。现在很多父母都觉得自己是好父母，觉得自己很爱护子女，其实我们客观地来看都知道，小孩就是被父母硬生生毁掉了，这就是好心做坏事——你把他宠到拿他一点办法都没有的时候，这个后果要谁去承受？太多人是好心做坏事。我们看《水浒传》，看到最后会觉得宋江到底是对还是错？没有定论。而最后的根源，就是那个高俅。连皇帝也知道高俅是个坏蛋，但是讲实在话，皇帝那时候也拿他没有办法了，因为高俅的势力已经根深蒂固，变成一个很大的帮派势力，皇帝高高在上却是空壳子，能拿他怎么样？这就是本末颠倒。高俅是怎么起来的？他当初就是一个小混混，皇帝把他宠上天，最后受害者当然就是皇帝自己了。

我们放眼整个自然，会发现自然没有权利，也没有义务。一棵树，长起来以后，它有能力划定范围圈定地盘，不让其他生物进到它的范围吗？人类要砍伐它，它能要求给它多少钱吗？完全没有。自然没有权利也没有义务，那人凭什么讲权利和义务？自然只讲一种东西，叫作责任。我是草，我的责任就是让牛羊来吃，所以牛羊去吃草的时候，草没有逃避，没有抗拒，也没有抱怨，更没有要钱，因为这是它的责任。虾米长出来的责任，就是让小鱼吃，小鱼长大的责任，就是让大鱼吃。只有人才说“这好残酷”，这有什么残酷的？每一个物种都有他的本分，本分就是责任。所以我说，你只要有责任的观念，你这一生就很轻松，很愉快；你只要有权利、义务的概念，你就开始痛苦了，这就是现代人自己愿意找的麻烦。我是孔子的信徒，我绝没有说权利、义务是错的，因为一切都是自己选择，自作自受，我无从评价对错。我从年轻的时候就不知道自己每月领多少工资，因为我明白，就算我很清楚每月领多少，它也不会多一分，那我想它干什么？反正也没有多少，要我盖章我就盖章，要我签名我就签名，后来干脆你拨到那边我看也不看，就这样过去了。我只需要知道我有什么责任，尽心尽力地做好就够了，因为责任就是我要学习的，是帮助我成长的一个最好的东西。我也是活在现代的人，但我大概没有什么权利与义务的观念，我只是知道，我做人有我基本的责任。

孔子的话非常简单：“君君、臣臣、父父、子子。”这是什么意思？国君要像国君，臣子要像臣子，爸爸要像个爸爸，儿子要像个儿子，是这样解释吗？这不是废话吗？这句话的意思是说，当国君就要尽国君的责任，当臣子要尽臣子的责任，做爸爸有爸爸的责任，做儿子有儿子的责任。我们现在受西方所谓现代观念的影响和鼓动，认为爸爸要和儿子交朋友，我不这么认为。在我们的传统观念里，爸爸就是骂孩子的，爸爸就是要敦促孩子的，现在爸爸不骂孩子，不敦促孩子，那就是不尽责任了。你自己不管教自己的孩子，谁会去管教你的孩子？你都不骂，别人更不骂了，那等他将来长大了，到了社会上就难免不被人骂了。爸爸不骂孩子，就是放弃自己的责任。现在有些所谓的教育专家说教育要现代化，所以家长要跟孩子做朋友，我不知道这是在骗谁呢？儿子要尽儿子的责任，儿子的责任就是在外面不要丢父母的脸。现在都没有了，全学那些没有用的东西，根本的东西都丢掉了。当官的有当官的责任，当老百姓的有老百姓的责任，要不然就不可亲了，官是贪官，民是刁民，亲什么？官当好，民做好，才能真正亲民，这样就合理了，那个合理点慢慢就会出来了。

第三章

修德为先，问心无愧

道德是中华民族的最高信仰，无论为官，还是为人处世，我们历来都重视一个人的道德修养。人的一生，就是要不断地修治自己。《大学》说："自天子以至于庶人，壹是皆以修身为本。"这一节，我们就来讲一下如何修德。

一、德行与德政并重

我们现在读的《大学》，大部分是根据当年朱子所注释的编辑过的。我没有说朱子不对，但是有一点我深深地感觉到，他在当时的情况之下，有很多话是言不由衷的。譬如说，朱子曾经讲过一句非常中肯的话：无一事不合理，就叫中庸。什么叫中庸？就是每一件事情都合理。这句话一说我们都懂了，中庸就是合理。合理是变动的，随时要调整。可是后来朱子在写的时候又不是这样写的，所以我深深地感觉到，每一个人在某一个环境之下，他所讲的话未必是他内心真正的意思。所以，我们现在要站在古人的立场，将心比心，把他心里的话掏出来。

为政之道，明明德为先，德行与德政并重，才是内圣外王之道。

——曾仕强《为政之道》

在《大学》中，"在明明德"这句话最大的问题，就发生在这个德字上。什么叫德？一般来说就是品德修养，就是道德，就是德行，其实不完全是这样。德，最起码有两层意思，一个叫作德行，一个叫作德政。德行是什么？是你自己修行的成果；而德政是你的德行推而广之，是有益于人民的政治措施和政绩。一个内圣一个外王，这样才叫一阴一阳。

一个人品德修养好不好，我们真的不知道，看不出来，必须从他所作所为、所言所行这些具体的方面才感受得到。因此，在明明德，我们要把它解释成一个人要不断地修改自己。品德修养，其实那个修就是修改自己。人一生下来，都会有个别差异，就是多多少少会有些缺点，我们这一辈子，就是要把每一个人各不相同的差异性修治起来。

是不是修到人人都一样？不是，因为人人都一样，那就天下大乱了。我们要修成每一个人都有独特的一种表现，如此这个社会才有办法分工合作。如果把每一个人都修成老板，那到哪里去找员工？每一个人都修成员工，那就找不到领导了。所以，每个人都要把自己修成各自比较特殊的那一种形象，儒家把这叫作“慎独”。

慎独的意思，并不是像一般人所解释的：单独一个人的时候，没有看到别人，你要更加谨慎，否则你会乱来。这当然也是一种意思，但是格局很小。慎独是说你有潜在的特性，你是不可取代的唯一的一个人。这句很重要，每一个人在世界上都是唯一的，是不可取代的，所以一定要了解自己。我这辈子是来做一个很优秀的钟表工人，够了；我这辈子是来做一个很优异的百米运动员，够了……每一个人，只要把自己潜在的长处发挥出来，就尽到你的责任了。

我们常常把见贤思齐这句话挂在嘴巴上，这句话其实也害死很多人。你想想看，你很会画图，我根本不会画，我怎么跟你看齐？你很会打篮球，我根本就打不好，我怎么跟你看齐？见贤思齐是同质性的人才可以，我会弹钢琴，你也会弹钢琴，可是我听来听去，你就是弹得比我好，所以我就想办法跟你看齐，这个可以。你很会弹钢琴，我连五线谱都搞不清楚，我怎么跟你见贤思齐呢？更重要的是，见贤思齐不是指才能方面，而是指品德方面。像这些都搞清楚了，才知道怎么去用才用得恰到好处。

明明德告诉我们，在没有发达以前，只能修治自己的品性，那是准备有一天发达了，有机会了，就可以表现出来，产生良好的施政效果，这样才有意义。人是这样的，要准备好了才去服务，而不是要求或请求别人给予机会。现在很多人喜欢讲“请给我一个服务的机会”，其实这句话我是非常不赞成的。有些人他不帮你忙还好，一帮，净是帮倒忙。你端一杯茶，本来端得好好的，他说“我来我来”，结果他的潜台词是“我给你摔了”。你拿一个皮包，本来很轻的，拿好了，他非要帮你拿，最后却不晓得到哪里去了。他说：“我给他了。”我的皮包，你给他了，最后不知道到哪里去了，我到哪儿去找？这种事情太多了。

一个人做事之前，先问问自己准备好了没有，没有准备好，就不要去做。其实这是全世界都在讲的，现在我们讲英文，大家反而很熟，Are you ready？不知道“Are you ready”是什么用意，只会嘴巴讲有什么用？Are you ready？你真的准备好了吗？好像还没有……我举这个例子就是想让大家了解到，我们很多事情仅止于嘴巴上，这是非常糟糕的事情。我们要有德政，就必须内心有个东西在，这东西本来是在你身上的，只是你根本不重视，这就是良心，良心是与生俱来的。我常常说，每一个人体内都有一座广播电台，它就叫作良心广播电台，它不断地提醒你，这样做不好，这样做有后遗症，这样做人家会看不起你，这样做你心会不安……可是现在很多人完全不理睬。今天的人只看到外面的东西，只听到外面的声音，从来没有去听自己心里面的声音，这就是“一阴一阳之谓道”已经分开了。

今天的人只会动，不会静，怎么静都静不下来，尤其以后的小孩是没有办法静的。小孩一坐下来，就拿这个拿那个，这种小孩有什么出息呢？还有，现在很小的孩子有一点时间就玩手机，我不晓得他在干什么，他有生活吗？他有思虑吗？他会养成什么习惯呢？慢慢大家就看到了。很多人跟我讲，说现在的儿童不得了，将来一定会怎么样，我是完全不接受的，一个有太多答案的人是没有创造力的。我们小时候就是资讯不够，才会天天去想，去思考。现在的小孩接受的资讯多，看都看不完，他从来不会想，他哪里有时间思考？一个人只要没有创造力，这个人就很欠缺。

二、不怨天，不尤人

人跟禽兽不同是因为人有三样东西：第一个是创造力，我没有用创新，而是用创造；第二个是自主性，就是要替自己负责，不能老依赖别人，不能老怪别人；第三个就是局限性，现代人把它遗忘了，这个问题很严重。创造是有局限的，自主也是有局限的，不要过分膨胀自己，不要把人类看得比天还要大，所以孔子告诉我们：不怨天，不尤人。为什么不能怨天？因为你怪天没有用，天根本没有反应。你怪别人也没有用，没人会替你负责，谁替你负责？

“不怨天，不尤人”告诉我们，一切要靠自己。一切靠自己，那就要听听你内心的话，因为那是不会骗你的话，而外面的话都不可靠。这样大家才知道，作为一个中国人，不要完全相信任何人的话。你讲什么，他爱听不听，好像在听，也好像没有听，因为听了也没有用，不听也没有什么影响。他很相信自己的感觉，这感觉是很可靠的，人家再怎么保证，只要你感觉不行，那就是不行。感觉来自哪里？两个字，一个叫应，一个叫化，这是了不起的。

德政是什么？是应跟化，就是要有感应，我们中国人常常讲：老百姓的眼睛是雪亮的。其实这句话还不如另外一句：人人心中有一杆秤。我读历史，感觉最了解这句话的历史人物是谁？郑和。郑和小时候很凄惨，从小就没有好日子过，他的一生几乎是没有前途的，很小的时候就被抓去当太监，皇帝的两个儿子做错事情把责任都推给他，他只好去顶罪。他的前途在哪里？可是郑和后来抓住机会出来了。老实讲，如果他真的要独立为王，他那个海上王国不会输给明成祖的。他版图够大，势力够强，所以多少人误会他，多少人告诉皇帝要把他抓起来。郑和的一生就是说明一句话而已：公道自在人心。什么时候参透了“公道自在人心”，你就会一直循正道走下去，否则心里一直犹豫，经常后悔，那结果就很难讲了。现在让我们最犹豫、最后悔、最恐惧的是什么？就是讲道德的人吃亏，老实人倒霉，守规矩的人没有出息，很多人都是这样想的。

其实，我们真的要了解《论语·微子》中子路讲的一句话，叫作“君子之仕也，行其义也”。“行其义也”是什么意思？就是你要么不从事政治，如果从事政治，就要做有意义的事。义，其实就是合理的意思。合理是谁说了算？如果是做官的说了算，那就很容易走上独裁；如果是老百姓说了算，那最后往往一事无成。任何事情如果都去征求老百姓的意见，一定有不同的意见，而且议论纷纷，最后不知道怎么办，然后我们就说这个当官的没有魄力，不负责任，没有担当。我讲的都是事实，一个做官的如果说自己说了算，大家就不说话了，然后就说当官的霸道、专制、蛮横，不接受意见。一个当官的征询大家的意见，又会被人说是优柔寡断，不负责任，不够资格。一定是这样的，所以说亲民这件事情是很难做的。

我们现在先把亲民的先决条件说在这里，就是Are you ready？意思就是明明德你做好了没有？什么叫做好了没有？就是有没有基本的修养，一旦给你一个职务，你有没有把握很轻松愉快地把它做好，一个是德行，一个是德政，这是两层意思。

三、修德要修三方面

现在我先问大家，“明明德”这个德指的是什么？中国人要修的到底是什么？不要空洞地说修道德，我们讲具体一些，就是说修德要修三个方面。

第一方面：修大小。

老实讲，你跟你的领导在一起，只要你没大没小，第一，他就不关心你；第二，有好处不会给你；第三，你讲的话他根本就不听了，这是事实。

可是很多人一听到有大有小，就觉得这是在讲官僚，然后就觉得是大的很神气，欺负小的，其实不是这样子。我给大家一个很具体的建议，就是你跟老板在一起的时候，只要有第三个人在，你一定要样样都好，一切都顺从，不能有不同的意见。可是有些话明明不能听，明明不能接受，那该怎么办？你要等其他人走了之后，你单独跟老板在一起的时候，你再告诉他："您的指示我都听明白了，但是我有几个疑惑，不知是我听错了，还是我没有理解到，我再请示您一下。因为这样做会产生这样的问题，那样做会产生那样的问题……"你照我的话说，这样他听完以后，就会说："那你再斟酌斟酌吧，你有什么好办法，你再跟我讲。"他会非常容易接受你的意见。所以，我今天只讲一句话，你跟领导处不好，那是你的问题；你跟干部处不好，也是你的问题；你跟老百姓处不好，还是你的问题。这就是儒家为什么要反求诸己，不要怨天尤人，道理就在这里。

我们不可能改变外界环境，我们只能改变自己这一方面。改变方法，改变态度，坚持原则，这才是有所变有所不变。不变的是我的原则，你再怎么样，我都不会改变原则，我会克服万难，坚持到底，但是方法、态度我随时在调整，这才叫作内方外圆。

大小就是中国人的伦理，没大没小就是不懂得伦理。我今天讲得非常透彻了，中国人见面，第一件事情就是先分大小。老实讲，你不知道谁大谁小，怎么开口说话？我们对上面是一种口气，是一种态度，对下面又是另一种不同的口气、不同的态度，对上对下是完全不一样的。你只要没有大小，人家跟你一感应，他就知道要对你敬而远之，他就不理你。我倒请问大家，什么叫理不理你？他理你这个理是什么意思？理是敬重的意思。我们没有很仔细地去抓住这个理的重点，中国人的做法往往是你理我，我一定理你，你不理我，我就不理你。我们的个性是很鲜明的。

第二方面：修高低。

高低一定要搞清楚，高低不是特权，而是基于责任的需要。老实讲，什么叫平等？你走遍全世界，会发现通关的时候一定都有特殊通道。美国总统到我们这儿访问，你叫他按照正常的通关来通吗？他的安全谁负责？一句话就能解决问题了嘛！我们不是说他有特权，而是他的安全我们担当不起，所以只好让他从这里偷偷摸摸地走掉，这样说是难听一点，但是事实就是这样而已。当然，有些人听了这些有一肚子火，觉得这是要特权。那我再说一句，普天下没有一个地方没有特权，特权会转移，但是不会消除。现在一般人都说最好没有特权，那是我们一厢情愿，因为这是不可能的事情。每一个国家的特权都在不同人的手上，比如美国，特权在谁手上？在有钱人手上。你到任何地方，只要给他两百块小费，你就是大爷了，他会给你最好的态度，给你最好的服务，你相不相信？你舍不得是你的事。

我曾经跟一位犹太朋友到美国一家很豪华的餐厅吃饭，美国高级餐厅的惯例是你不打领带不穿西装根本不让你进去，我那个犹太朋友就穿了一个T恤、一件西装外套，没有系领带。在门口，服务员就挡着他说："先生，您没有打领带，我们不接待您！"我那个犹太朋友的做法很简单，他从口袋里拿出一沓钱，说："你去给我买一条，买好一点的，你喜欢也顺便买一条。"那服务员表情立刻温和了许多，不一会儿就拿来一条领带，还帮我的朋友系好。有钱能使鬼推磨，在美国你可以看得清清楚楚，但是在中国不一定。在中国，你越有钱，有时候你更倒霉，因为你越有钱就越有人给你捣蛋。你有钱，我就把你的轮胎戳破，你有钱，我就刮你一下，会有人用不同的方式来表达对特权的反感。这个是不对，其实读《易经》读通的人都会明白，有君子就一定有小人，有好人就一定有坏人，有守规矩的人就一定有不守规矩的人，一切要看你怎么去调试自己的心态。一个成熟的人是不会疾恶如仇的，因为那样做没有实际的用处。

第三方面：修是非。

这是大家经常说但是实际上很难做到的。中国人非常讨厌没是没非的人，但是中国人又不喜欢是非分明的人。凡是是非分明的人，人缘都不好，很多事情都办不通。我们是要求很高的民族，我们要在圆满中去分是非，分是非分到不圆满，那你就前功尽弃。西方人很简单，对就是对，错就是错，中国人绝对没有这回事。

我讲一句大家容易理会的话，就是你的领导有时候讲话不顾情面，讲很难听的话，你千万不要动气，为什么？因为你一动气，他就认为他没有亏待你——我骂你，你也生气了，我骂你，你脸色也不好看了，那我错在先，你错在后，我就不欠你的了——你就很被动了。凡是老板动怒，跟你讲很难听的话，你就要想他这不是冲着你的，他是在发别人的脾气，是拿你当个出气筒而已，不干你什么事，这样你就能够冷静下来。等到他冷静下来，他就会觉得对不起你，就觉得欠你的，所以反而会安抚你，说不定还给你一点好处。你去看好了，这种案例我看得太多了，凡是经不起领导骂的人，几乎都是没有前途的。我听过很多人抱怨说："现在老板看到我连骂都不骂我了，我大概是快完蛋了。"这种话年轻人是听不太懂的。年轻人总觉得不被领导骂才表明自己是正确的，才是自己表现好，其实不一定，老板肯骂你，就是把你当可教之人，哪一天老板根本不骂你了，就是他知道教你也没有用，认为你根本就是废物。

是非在中国社会是高度困难的一件事情，说清楚一点，我们是中有非，非中有是，这个人这一部分做对了，他一定有一部分是做错的。一个服务员跟客人吵起来，你再有理由，也还是你错，为什么？你让他不高兴，你就是错的。不管你怎么对，你让他不高兴，那你就是错了。一句话，我劝大家，见小官要大视之。我们经常跟小官吵架，就是你看不起他，你心里认为他没什么大不了："你算什么？芝麻绿豆大，我怕你啊？"但是看到大官你就怕了，于是就变成卑鄙小人了——不管是非，你都顺着他，最后他就膨胀，变成是你害他成了大家的敌人。你见到小官，就说："你算什么？"然后就吵架了，吵架他就不让你通关。记住中国人的老话：不怕县官，只怕现管。不怕官，只怕他恰好管到你，你没辙就是没辙，因为有些事情你不方便去跟上面的人讲，你讲了，上面的人会笑话你：连这点小事情你都要找我，那你的能力在哪里？你平常跟人家来往算什么？

说到这里大家会知道，在中国社会，大小容易分，高低容易分，是非很难分。其实，我们每天都在应付这些事情，只是你没有把这个原则定下来。明明德最重要的是什么？是以身作则。我们现在常常说西方的政治多好，它有制衡，我们中国就是没有制衡。其实说这种话就是不了解现实状况，现在当官是越来越难当，不是越来越好当，因为那种无形的制衡是随时都会出现的。你在这里讲错一句话，有一个错的表情，就有人在暗中用手机给你拍下来，然后曝光在网络，这不是制衡是什么？这个制衡比什么都厉害！所以，不了解现在的环境，却还在批评那些事情，都是空话。现在，每个当官的都有警惕性，他知道自己的所作所为大家都在看，而且不知道什么时候会有人把他的话断章取义地广播出来，甚至还经过编造，曝上网，都有可能；但是，有些因应很显然是不对的，譬如说有些地方，当官的下了班去吃饭，他到饭店第一件事情就

> 德行修治包含三个方面：第一，修大小；第二，修高低；第三，修是非。
>
> ——曾仕强《为政之道》

是把车牌遮掩起来，这样有效吗？其实是没有效的，这叫作掩耳盗铃。你不去遮掩车牌，人家还不会注意，你车牌一掩盖，人家好奇心马上来了：那个车牌为什么掩盖起来？还不是领导的车子！那就完了。这种事情是因应不当，是不是当官的自己做的？其实大部分都是底下人自作聪明，然后害死领导。

我们慢慢会把这些都分析出来，要怎么样才能够调整“止于至善”，就是找到一个合理点，就是随时要去留神，随时要去调整，这才叫作日日新，又日新。不是变新花样，而是追求那个动态的合理点。但是不管你怎么做，你只要记住三句话就可以了。第一句话，凭良心；第二句话，立公心；第三句话，先力行。什么叫立公心？就是替多数的公众着想，而不是替自己的家小着想。有一句话我先说在这里：为天下者不顾家。刘邦打败仗要逃走的时候，人家把他的小孩抱到车上，刘邦一看，一脚把孩子踢下去；赵子龙把阿斗千辛万苦救回来的时候，刘备抱起来就往地上丢，他敢不丢？否则以后就没有人替他做事了。为天下者是不能顾家的，当然，如果你就此说自己终于找到不回家的理由了，那也是不对的，因为你还不够那个级别，这个层次一定要拿捏得很清楚才可以。力行就是以身作则，只要你做得到，大家就对你有感应，对你没有话说，就会以你为榜样，就模仿你，然后就很快地把风气改过来了。

要达到止于至善的合理点，须做到三点：第一，凭良心；第二，立公心；第三，先力行。

——曾仕强《为政之道》

第四章
以身作则，为民服务

《大学》之道提出三个纲领：在明明德；在亲民；在止于至善。这三个纲领的核心，就在“亲民”这两个字。亲民，用现代话来讲就是为人民服务。这一节，我们先来谈一下为人民服务的问题。

一、服务应该将心比心

我先要提醒大家一点，为人民服务不是只有当官的才需要这样做，各行各业从不同的立场，从不同的角度，采取不同的方式，目标都只有一个：为人民服务。只要大家有这样一个正确的想法，什么“黑心产品”自然就不见了，什么奸商，什么垄断，什么从众，什么剥削，也都会大量减少。

什么叫服务？这是每一个人都应该好好了解的。我再三地说明过，不要总是说“我有服务的诚意，你一定要给我服务的机会”，这是不对的，因为“己所不欲，勿施于人”，但是“己所欲”也不可以施于人。有很多话是不可逆着说的，我们老祖宗只讲过“己所不欲，勿施于人”，现代人自作聪明，说这个不够积极，己所欲就要施于人，然后就讲出一句流传很广的话：“有好东西要跟好朋友分享。”根本没有这回事！我喜欢喝咖啡，我就买了很好的咖啡，然后把我的朋友都找来，让他们都非喝不可……这算什么？千万记住，有很多话只能够这样说，不能够把它逆过来说，不是每一句话都是可倒可逆的。人家对我这么好，我是不是一定要用他对我的方式去对他？其实不见得，因为他的期待不是这样的。我能力有限，只能送你一束野花，这已经是尽我所能了，至于你要怎么样照顾我，那你凭良心，你自己来，这样才对。而不是说你给我一束野花，那我出去也采一束野花送给你。我不晓得你是干什么，那是伤人家的心嘛！我们千万记住，服务要将心比心，要站在对方的立场去想，想他需要的是什么，所以资本社会就提出一句话："人民需要什么东西，只有人民最清楚。"这句话我也不接受，真的是老百姓最知道他需要的是什么吗？不见得。现在他需要的东西，你给了他，过一阵子，他就觉得好像不对劲，因为他本来就不清楚他想要什么。

你有没有发现，现在办幼儿园的人是很痛苦的，什么道理？因为家长很关心自己的孩子，家长甚至于自愿到幼儿园当义工，就弄得幼儿园的老师没办法教小孩。家长来破坏幼儿园的教育，他还说自己是来服务的，这种事情太多了。我访问过很多幼儿园："幼儿园是这样办的吗？"他们的回答是："我们没有办法，这是市场化，这是商业化，家长的意见我们不得不听！我们也明明知道家长的意见根本就是错误的，那有什么办法呢？"

其实各行各业里，教育是非常痛苦的，可以说我一辈子的大部分时间都是在做教育。我有两个心得，提供给大家作参考。你只要类比一下，就知道为什么说家家有本难念的经，行行都有他们的苦衷。比如你问一个人：你懂医吗？他说不懂；你懂军事吗？不懂；你懂气象吗？不懂。你问他这些，他都会承认他不懂，只有问他教育，他一定会说自己懂。每个人都认为自己懂教育，每个人都认为他受过教育，他也关心教育，所以就觉得自己很懂，于是就自以为是，敢对教育指指点点。什么部的部长相对都好当，就是教育部长真的很难当，因为每个人都觉得自己懂的时候，他这个部长怎么当？这是第一个难题。第二个问题，每个家长都觉得自己的小孩了不起，这个“龙凤”在我们家，这样的话小孩怎么教呢？而且家长一切行为的出发点都是为了爱孩子，振振有词地来跟你提出很多意见，所以纵览我们中国的历史，以往每一次的教育改革最后都是失败的，因为大家从来不听专家的意见，从来不冷静地去想一想小孩到底应该怎么教。第三个问题，就是小孩回家会跟父母讲七讲八，讲得父母一肚子火，然后父母就亲自冲到学校去跟老师理论。我就曾经亲眼看到过，一个中学生老抽烟，老师实在是忍无可忍，就打电话跟家长说：“你小孩老在学校抽烟，我劝他不听，你能不能来一趟，我们谈一谈。”家长说：“这有什么问题？我马上就来。”很快家长就开着车子来了。家长来了，老师就把那个学生带在旁边，想跟这个家长了解一下情况，没想到那个家长二话不说把烟掏出来，第一根就给他儿子，第二根才给老师，第三根自己点，这样还要教什么呢？根本不要教了。这是现在社会一个很奇怪的现象。

各行各业，其实都应该把自己当作新民。这个新的意思，就是说你刚刚进入到这个行当，你是个新人，你对个中因由都不了解，你要学孔子。孔子是怎么做的呢？“子入太庙，每事问。”孔子是礼的专家，可是他一进入太庙，必先问这是干什么的，那是干什么。一般人是不会问的，因为一般人要么认为自己不是专家，不必懂那么多，要么就自以为是，认为自己就是专家，什么都懂——你问我还差不多，我还问你？孔子虽然自己是礼的专家，但是他丝毫没有自以为是，而是随时随地以身作则，不断学习，只是我们没有感应到。因为很多事情间隔一段时间就会改变，很多事情过一段时间就会修正，所以当然要问，不问就糟糕了。所以，任何人只要面对新的事情，你就是个新人，这个才是新的真正意思。承认自己是新人，就要告诉自己：我不够熟悉，我不够内行，我还要虚心，我还要重新调整自己。

很多人喜欢让我写一句话给他，我写得最多的就是这句话："人生是阶段性的调整。"要随时随地去调整，只要调整不过来，随时都有可能摔倒。你当科长当得非常好，然后升职当处长，一升你当处长就焦头烂额了，怎么办？那就不能再升了。如果你当处长还可以，一升到厅长，结果什么病都来了，就是因为没有调整过来。我今天讲一句话，很多人一定会笑，因为我们都在笑这种人。这句话就是"换了屁股就换个脑袋"，意思就是说，当厅长的时候是这个样子，一升官，整个态度就变了。我倒是觉得这很正常，本来就应该变，怎么不该变呢？换了屁股就应该换脑袋，这才叫作合理的调整。你换了屁股，还不换脑袋，结果就是累死自己，害死别人。可见很多话是外行人讲出来的，但是大家会呼应，都跟着说对，这就是现在很常见却是我们很无奈的一种现象。

我觉得每一个人一定要了解自己的状况，然后想办法让别人

> 换了屁股就应该换脑袋，这才叫作合理的调整。
>
> ——曾仕强《为政之道》

了解你。我举个例子，你今天去问某省的省长："贵省有多少人？"如果他把那个数字讲得很精确，你对省长是什么印象？要是良好的话，我就感觉很奇怪，怎么可能这样子呢？要么是你乱讲，因为那个数字是变动的，经常在变动，要么就是他的部属太怕他了，所以一直实时更新数据。增加几个人就更新数据，那不是要累死大家了！所以职位越高的人，对数字越不需要那么精确，要求那么精确，就会累死很多人。基本上，我们就不应该去问一个省长他管辖的省有多少人。如果我当省长，你问我省里有多少人，我一定说："我不清楚。"我会直接让专门负责人口的主管跟你说，这样才对，一定不会有人说我乱讲，或者说我讲得很正确。但是我们今天把对的看成错的，把错的看成对的，这是非常要命的事情，就是因为换了屁股，脑袋没有跟着换。

二、以身作则，先人后己

我们说，一个为政者必须以身作则，做人民的榜样，除此之外，还需要什么呢？还需要旁边的人敲锣打鼓。一个领导多讲话，老百姓其实是会怀疑的，因为他们认为你都是为自己好，怎么可能为他们好呢？所以，一般来讲员工跟老板之间是矛盾的，老板讲什么话，员工基本上不会听，因为从员工的立场来看，老板一定是为自己好，难道会为员工好吗？如果真信了老板的鬼话，最后就是自己倒霉。所以老板要少说，干部要多说。当然，也不是说这是某一个干部专属的职责，而是所有干部都要说，一起说，这个力道就强了。

比如现在要开一条马路，有老百姓认为影响到他的权益，就跟干部发牢骚，说："那马路修过去一点就好，为什么冲着我家来？为什么一定单挑我这里？"干部怎么回答？"这不是我的事，你问别的部门。"这么说就不对了，是在挑拨是非，可是有些干部觉得自己这么做很有道理，还振振有词，说这就是不在其位不谋其政。这又解释错了，根本就是推卸责任。当一个政策下来的时候，所有部门要齐心协力，整齐划一，步调一致，异口同声地宣讲，老百姓才会有信心。如果这个部门这样讲，其他部门都不这样讲，可见他们当中就有矛盾了。甚至还有人从中作梗，说"本来修这条路是不经过你家的，是因为什么事情调整调到你家了"，那不更糟糕了？所以我们为人民服务，其实是要分阶段的，事情没有决定以前，我们广纳众言，多方参考，用心斟酌；但是当我们既定之后，就是在没有办法当中选出的最好办法，那就要集中贯彻执行。

其实每个人都应该觉悟这一点，世界上没有最好的办法，我们所找到的就是没有办法当中比较好的办法，而大家也都能认同。所有的办法都不是完美的，所有的制度都不是万全的，可是现在很多宣传都在告诉大家，这是完美的，这是健全的，那只能让大家觉得很可笑。天下的事情没有十全十美，一定有缺陷，我们只是取其利多弊少，取其对大众影响最小而帮助最大的，如此而已。所以，这里就牵涉到一个非常重要的问题，我们要让老百姓知道，天底下没有一件事情是绝对公平的，只有公正。可是我们现在都讲公平，一讲公平就完了，因为这是不可能的事情。什么叫公平？你放眼自然，哪一样事情是公平的？同样一棵小树，种在这里就长得很好，种在那里就瘦瘦小小的；种在这里没有人理它，长了很久，长在那里一下子被砍掉了……天底下没有公平这回事。可是我们一直在讲公平，你一讲公平，大家的心就不平了：明明不平，还讲什么公平？

我们只能公正，什么是公正？就是合理的不公平。你要让老百姓知道，凡事根本不可能完全公平，只能做到公正。“你有办法做到公平，你来，我听你的”，最后他会接受，我们只能是合理的不公平。人类只能追求合理的不公平，就是不要太过分，太过分就不合理，就有人不干。既然完全的公平没办法实现，但是没有办法当中，只要有人委屈一点，就可以实现合理的不公平，那我就委屈一点，无所谓了，这样就对了。我们老是讲那些做不到的话，老是讲那些空泛的东西，民心怎么会平呢？当然不平了。所以我们教育孩子，从小就要让他知道，天下没有绝对平等的事情，我们只能尽量地让它趋于平等，而要实现真正的完全平等，除非人类毁灭。

我们要记住，任何事情，先人后己，你一定成功；先己后人，最

> 我们要记住，任何事情，先人后己，你一定成功；先己后人，最后都是失败的。
>
> ——曾仕强《为政之道》

后都是失败的。所以《大学》一直告诉我们，要知所先后。人家端奶茶的时候，不管对方是谁，你只要说：“您先请。”他一定会说：“不不不，您先。”当你说他先的时候，他很自发地说：“您先您先。”他是自发的，不会怨你。当然，现在很多人已经不这样了，认为自己先是理所当然的，那下面的人有什么感觉？

很多次我去讲课，吃饭的时候我都是坐在领导的旁边，那个分菜的人把最好吃的都分给那个领导，而我是尊贵的客人，只能吃不好吃的东西，我的感觉就是这样。那个领导还很客气，这能怪那个分菜的人吗？因为我来一次，以后就不见人影了，而那领导是常常来的，他是要结账的，我不管结账，所以我会接受，因为这是合理的不公平。如果我是这个领导的话，我会跟分菜的人说：“这个先分给教授。”因为他天天在这边吃，这一次吃不吃这些都无所谓，但是如果他主动招待好客人，整个情况就完全不一样了。甲鱼最好吃的部分，是那个软骨的部分，那一部分角质最大，那个分菜的人敢把那一部分先分给别人不分给领导吗？当然不敢。如果分菜的人把那一部分先分给别人不分给领导，那领导也不会说什么，他只要问餐厅的经理：“你们餐厅是怎么培训的？”他如果这样问，分菜的人一定想要把好的部分分给他。可是这样一来，这餐饭就等于白吃了，根本没什么意思。

我只是举实例而已，因为吃饭的时候，中华文化是最显著的。我在台湾曾经跟几位将军一起吃饭，这几位最起码也是一颗星的。当然，当所有人都是好几颗星的时候，那个一颗星的就变最小了。本来他的官还蛮大的，怎么也是个少将，最起码是个将军，可是当所有人都是两颗星、三颗星，都比他大的时候，他就变最小的了，所以他就乖乖坐在那里，一句话也不敢说，不敢说还不够，还要服务大家。那个上将讲东讲西，突然间想起来，鸡上来那么久，他还没吃到，因为他生平最喜欢吃的是鸡屁股，所以他翻着鸡问：“鸡屁股跑哪去了？”一个中将刚刚把鸡屁股含在嘴里，听上将问鸡屁股在哪里，于是下意识地尴尬回答：“在这里……”他的嘴巴变成鸡屁股了。大家听了有什么感觉呢？当你跟上将在一起的时候，就算你最喜欢吃鸡屁股，你也要忍耐啊，你不吃会死吗？这就是中国社会，我没有认为不对，现实生活随时随地都在考验你是不是中国人，有没有中国人的本位思想。

三、安和乐利为目标

中华文化讲安和足，《论语·宪问》中记载，孔子讲：“修己以安百姓，尧舜其犹病诸！”安百姓这件事情，连尧、舜都觉得很困难，都没有把握，因为它是高度困难的事情；但是我们一定要把长远的理想设定下来：国家富强，百姓安足。富强跟百姓没有什么关系，但是安足却是跟百姓密切相关的。安是什么意思？就是生活很安定，社会秩序很安宁，大家心安理得地和谐相处。

安宁是和谐的基础，所以我们把“安”写在“和”的前面。安和乐利，“安和”后面一定有“乐利”，利是基础，很多人认为安和乐利就是安很重要，利就不重要，这不可能。利是基础，只要老百姓感觉到你不利于他，或者感觉到他没有得到合理的利益，他根本就不能安的，他怎么可能会安呢？所以“安和乐利”四个字，利是基础，第一步要做的就是利国利民，让百姓有水喝，有地方住，交通便利，让他可以做生意……可是这个利还要看前面那个乐，使大家乐的利就是正利，使大家不乐的利，那一定是邪利。所以我们每一个人要将心比心，当我们得到利益的时候，就要想想，它使我乐不乐？这个乐是正常的吗？其实一个人乐是要让大家乐才正常，因为独乐乐，不如众乐乐。

凡是任何的利，只要大家都喜欢，大家都能够分享，大家都觉得这样好，那一定是正利。就拿交通来讲，交通问题有没有办法解决？答案是没有办法。为什么？因为我们接受了一个错误的观念，这个观念是美国人给我们的，不是英国人，英国人不是这种观念。在英国人看来什么叫交通，是说你下了公共的交通工具之后，你还要再走一段路才能到家，这样叫交通。美国人不一样，美国人什么叫交通？就是一部车把我送到家里面，那叫交通。你觉得哪个是对的？我们应该尽量地发展公共交通，每个人知道下了车以后要走一段路才能回家，这是正常的，对大家都好。现在不是这样，现在是护送到家，那一定要拥塞，怎么能不拥塞？我们又认为马路宽交通就不会拥塞，这是错误的观念，马路越宽越拥塞，因为大家知道那条路宽，通通挤去了。所以，邻里如果有共识的话，就会说：“我们的马路绝对不拓宽，你敢开大车进来，你就堵死在这里。”要么你不敢开车进来，我乐得；要么你开车进来，我欢迎。马路越拓宽交通越便利，不是这样的。

垃圾清除得越快，垃圾量越多，你那么勤快干吗？我在英国得到这方面的经验蛮多的。在英国，一个礼拜才清除一次垃圾，我很好奇，所以我早上起来，看他们怎样清除。两个工人打赤膊，那里天气很冷的，他们挨家挨户地把垃圾桶拿去倒了，空桶再送回来，到了我家的时候，我拿两包放在地上，然后他们把其他垃圾倒掉，那两包就是不处理。我是中国人，我才不会过去问，我问他们一定会吵架，我跟人家吵架干什么？我问邻居："为什么这两包垃圾他们不清除？"邻居说："他在警告你，你的垃圾太多了，如果你不减少，下次他半桶也不清，你就只能堆在那里，你试试看。"大家看，这是多么好的方法！可能你会觉得，我制造多少垃圾，他就应该给我清理多少，哪有这回事！可见亲民不是讨好老百姓，也不是什么顺从民意，而是要教导，让大家懂事，让大家知道整个大局需要怎么做，不可以自私。

我亲近老百姓，我尽量地服务他们，但是在这当中，我随时随地要教导他们，让大家知道这样不行，否则这种观念会害死大家，不是害死我，害死我没有关系，害死大家是不行的，这就是真正为人民服务。老百姓喜欢便宜的，我们就卖给他们便宜的东西，那我们怎么活呢？只有偷工减料了，这是必然的。老百姓要这个，他又不出钱，那我只好以次充好，最后倒霉的是老百姓自己，这就不叫亲民了。很简单，我卖肥皂，你愿意多出一点钱，我就给你包装漂亮一点，你要省一点的，我就不包装，我就一个一个地摆在那里，质量是一样的，但是包装费我省下来，你就少出钱，你拿吧。你要再小一点的，那我做小块的，更便宜，你省一点用，这才叫亲民。但是现在并不是这样，我们现在都是以市场为导向，拿顾客至上当幌子，把它变成美丽的谎言，这叫作存心不良，不叫亲民。

我开一个公司，面对不同的顾客，要么我只做这一层，其他的我不要，其他的让别人去做；要么就是我本身产品分等级，满足不同层级的需要。我不能在这里混，不能在这里蒙骗大家。

政府能不能使每一个人都满意？答案是绝不可能，因为每一家每一户都要自己争气，不能躺在那里完全靠政府，否则政府是受不了的，不能因为你一时之利，就浪费了全民的资源。所以当天气不好的时候，你家的小孩要去登山，出了问题那是你家的事，那是错的事情。老实讲，为了你们家小孩喜欢爬山，动员这么多人去救他，这个钱谁出？老百姓税收出。你忍心这样吗？可是从来没有人敢讲这种话，都觉得是应该的，觉得这是照顾老百姓，那算什么亲民呢？最后害死老百姓了，老百姓就认为所有一切政府都应该负责。谁给你负责？你家没有父母吗？你可以不争气吗？你可以躺在那里让所有的人来抬你吗？没有人敢说这种话。糟糕不糟糕？

自古以来，我们从政的人都会记住一句话：得民心者昌。懂得了得民心者昌，还有两句话一定要牢牢记住：第一句话，当仁不让以任劳——只要是劳苦的，一定要做的，很困难的，当仁不让，我来做；第二句话，功成身退以让贤。我们现在有没有这种人？有，到处都有。我在很多地方看到，为了修建工程，把一整村的人都迁走，但是后面没有后遗症，老百姓说："好，迁得好。”当然，也有些地方，拆迁户会抗争，会吵得一塌糊涂。这就很明显地可以看出来，该迁村的还是要迁村。

老实讲，到目前为止，大家一定可以体会到，土地国有是正确的。如果今天我们连土地都不能国有，那问题更麻烦了，土地国有都已经这么麻烦了，假定土地私有，那问题更多了，绝对会被少数人瓜分掉。我们要让老百姓知道，为什么大豆会坏，为什么小米会坏，为什么所有粮食都会坏，为什么鱼会臭掉，为什么肉不能吃……这都是为什么？这就叫作上天有好生之德。什么是上天有好生之德呢？老天应该让这些都不会坏，那样资源就不会浪费，这才叫上天有好生之德。大家想想看，假定米不会坏，假定麦子不会坏，老百姓还有米吃吗？还有麦子吃吗？只要是不会坏的，财团就会垄断，你还没有收割，他就来了：“所有的都卖给我，你出个价钱，我包了。”然后他就租一块地，把仓库围起来，当所有东西都在他手上的时候，他喊什么价就是什么价，你买不起他就卖给外国，总有人要的。所以，一个真正了解其中道理的人会感到庆幸：幸亏粮食会坏，我们才多少可以吃到一点，如果粮食不会坏，我们连想都不用想。但是大多数人不是这样想的，就表示得民心者昌，一定要把老百姓那个心放正，这个正心的工作要做，就是要教化，教已经很难了，化则更难。什么叫化？就是让大家不知不觉认同你的想法，而不是用高压的方式，不是用宣传的方式，也不是用规定的方式。

第五章

亲民为本，养民教民

前面我们讲过了，亲民是《大学》的核心。要为人民服务，一定要把亲民牢牢地放在自己的心上。所以这一节，我们来谈谈如何亲民。

一、有选择地顺应民意

有些人把《大学》里的“亲民”改称为“新民”，实际上有点轻视人民的意思，为什么？用新民，就是说老百姓不够新，很陈旧。所以，我并不赞成用“新民”两个字，我还是主张维持原来的“亲民”——亲近老百姓，把老百姓放在心中，这样比较有敬意。

“新”这个字，现在已经被我们高度滥用了，而且非常可怕。我们当然知道《大学》里面，有“新”这个字，也有“新民”的字样，只不过它的意思是指新近移民到我们这里来的人，那才叫新民。对于新来的人，我们要辅导他，让他既来之则安之。《易经》告诉我们，外地的人跑到你这里来，是为什么？你说是因为你这里物产丰富所以他们才来，那这些人是不怀好意的。你如果说他们是因为这样或者那样的一大堆理由才来的，那你基本上就是把移民当作贼一样，认为他们是来抢你的机会，抢你的资源。其实并不是那样，《易经》中的比卦告诉我们，不宁方来——因为他们的家乡不安宁，所以他们才来的。凡是外来的人都是忐忑不安的，他们不知道在这里能不能适应，不知道在这里能不能长久，很多事情都是未知的，所以他们内心也是充满忧虑和担心，因此孔子才会讲："既来之，则安之。"

其实每一句话都有其背后的故事，都有它当初的用意，我们不要单单从字面上去解释会比较好一些。亲民，并不是现在所讲的顺应民意，所谓的顺应民意，不过是骗取人民感情的话，非常不可靠。民意是什么？一句话，民意如流水。民意随时在变，大家也不了解自己需要什么，所以绝对不要把老百姓看成一个统一的、有高度智慧的群体。我们中国人动不动就讲顺天应民，顺什么天？顺天理。天理何在？天理也是在变的。如果天理是固定的，那天就是主宰；如果天理是不可变的，那人就是奴隶。那什么叫天人合一？天理也随着民意而改变，所以有人老在怨天，天也很无奈，它又能怎么样？既然老百姓都是随时在变的，天又有什么办法呢？

子曰：『予欲无言。』子贡曰：『子如不言，则小子何述焉？』子曰：『天何言哉？四时行焉，百物生焉，天何言哉？』
——《论语·阳货》

我们要了解，天理难明。天理很难了解，只有圣人才能够替我们解说天到底在干什么。孔子有一次跟他的弟子说："我不想说话了，因为我说的话人家也不想听，也听不懂，我再唠叨干什么呢？"他的学生就很紧张地说："老师，你再不讲话，那我们要引述什么话呢？"孔子就说："天何言哉！"老天说了

> 所谓亲民，就是要有选择地顺应民意：民意合理则需顺应，民意不合理则不能顺应。
>
> ——曾仕强《为政之道》

什么吗？没有。意思就是你们不要老靠我，你们要自己去体悟，怎么老靠我呢？天是不说话的，因为天一说话，天下就乱了。

可是民意也是有分歧的，十个人有十种不同的意见，你听谁的？顺天应人是天人合一，要靠谁？要靠正的人，所以孔子每一次都讲正。什么是从政者？就是走正道的人。你怎么去施政？就是走正道，所以说“政者，正也”。老百姓提出来的是合理的，我们不能不听；老百姓提出来的是不合理的，我们绝不可以听，这叫作亲民。

所谓亲民，就是要有选择地顺应民意：民意合理则需顺应，民意不合理则不能顺应。

亲，还有亲爱的意思，你自己的小孩想要怎么样，你会完全任由他吗？不会，可是别人的小孩爱怎么样，你多半会不予理睬，因为你的小孩跟你比较亲，别的小孩跟你亲什么呢？他爸爸干什么的？人家孩子有他爸爸去管，当然轮不到别人去管。所以中国人多半对别人要求比较松，对自己比较严，这是事实。两个小孩都要去游泳，你会制止谁？当然制止你自己的小孩了：“你不要去。他要去就去他的，你不要去！”他有他爸爸管呢，外人当然不能说什么。这不是我们不负责任，而是这是他爸爸的责任。大家慢慢会发现，中国人的很多事情听起来好像是不对的，不合理，但是只要你好好去体悟，你会觉得本来就应该这样才对。你管别人家的小孩干什么？你管他，就是侮辱他爸爸，他爸爸又没有委托你。

中国人讲的所谓亲，就是有那份情在。我们中国人只讲情，很少讲爱。爱多半是假的，情才是真的；爱是短暂的，情才会久。所以现代人说爱像火花，对，爱就是像火花，非常形象，火花一阵子就没有了。爱也是三分钟热度，很快就退热了。

现在为什么世界越变越快？就是因为人心思变，想求新就变，只要人心变得快的时候，一切就都变得快了。什么时候人心慢慢安静下来，自然变动就小了，它不可能变那么快的。我们现在穿衣服花样越来越多，其实就是浪费资源，长此以往，资源很快就会被人们消耗光了。我们现在是过度生产，过度消耗，想把所有资源在我们这一代耗尽，良心何在？要留一点给子孙用，要留一点给子孙做，你把事情都做完了，他们就游手好闲，然后就变成了典型的败家子了。孩子都是父母宠坏的，跟老天爷有什么关系？

二、亲民的工夫在格物

什么叫格物？“格”这个字是《大学》这本书里两个最受误解的字之一，另一个字就是“德”。你如果把德只当作德性，只当作品德修养来看，那不是《大学》的意思。现在格字又出来了。一切一切要从“格物致知”开始，很可惜，我们现在只会读物理学，只会读化学，只会读数学，然后认为这是非常科学的，可是不知道什么叫格物。我请问大家，什么叫格物？其实古人用字都是生活上的字，很少用冷僻的字。格就是格子，一个一个的格子，把不同的物件按照格子归类，该归哪一格的就归哪一格，那就条条有理了。一个人很要紧的就是脑子要有格，脑子没有格，所有东西放进去，就混在一起了。这个是为人的，这个是处事的，这个是对上司的，这是对下属的，这个是对客户的……你总要把它分一分。现在很多人没有这样，一切都乱成一团。你的脑筋里有没有像仓库一样，用置物架分门别类搞得很清楚？那就叫格物。没有，道听途说放在一起，一知半解的也放进去，就搞得自己脑筋乱七八糟，那你怎么做决定呢？你怎么跟人家沟通呢？你自己都不清楚。

格物是最起码的功夫。要做一件事情，最要紧的是把为什么这样做的来龙去脉搞清楚。大家有没有发现，很多中国人一生起气来就喜欢骂人："你干什么吃的？"这句话的意思就是你连你的工作职责都没有搞清楚！

《易经》告诉我们，除了"时"字，最要紧的是那个"位"字，合在一起就是时位。时位在西方人那里叫作时间跟空间，也叫时空。时间和空间，很重要。同一个时间，你是在不同的位置，可是位置一旦固定下来，就很难改变，所以人到底要不要定？其实我已经讲过了，定就是不定的意思。如果你坐在这里，眼睛看那里，等你排到那边，眼睛又看这里，那你永远不专心，永远不安心吗？也不对。讲到这里，我们就更清楚那个"分"，分就是度的意思。你要掌握那个度，稍微过一点点都不行，稍微不够一点点也不行，这样就对了。我们每一个人的职责是什么，自己都要搞清楚。不在其位不谋其政，但是有一条，叫

“其他”。

真正存心要为人民服务的人，应该去看看打棒球。打棒球有内野手，有外野手，一个球打出去，在空中，大家就开始判定会落在内野，还是落在外野。如果落在内野，只能内野手去接，外野手不能去接。这时候就怕什么？就怕那个球在空中飞，所有人都眼巴巴的，大家都想去接，结果几个人撞在一起，反而球没有接到，那才气死人。所以，一个人要做事情，过分热心是不行的，过分帮人家忙也不行。可是你说自己在外野，球打到了内野，所以你不管，可以吗？也不行。如果内野手一跑，摔跤了，外野手就应该赶快去接，这样才对，这才叫其他，不然什么叫其他？其他就是要保证完成任务，保证把责任完成，没有任何理由；但是现代人多半是看看“其他”，好笑而已。

亲民，要有一种功夫，就是格物，换句话说，就是要了解老百姓内心深处希望什么。老百姓没有饭吃的时候，他告诉你吃饭最重要，其他都不重要，但是你不要相信他，因为等他吃得差不多的时候，他又不同了，就会开始挑这个挑那个了，这才叫与时俱进，不然什么叫与时俱进？与时俱进就是老百姓的民意是随时变动的，像波浪一样起起伏伏，随时在改变。你要走在他的前面，又不能太靠前；你离他太远，他不舒服；你跟他贴近，他觉得你太慢了；你跑到外面去，他就怪你落后了……

> 亲民要有一种功夫，叫作格物，也就是说要了解老百姓内心的希望。
>
> ——曾仕强《为政之道》

难就难在这里了，因此必须有完整的预测、计划，然后有分歧还得跟老百姓沟通。

三、亲民就要养民教民

我们一定要清楚，亲民有两层意思，一个叫养民，一个叫教民。老实讲，对于老百姓，一定要养，一定要让他们活得下去，活不下去，其他什么都不用谈了。可是当他们活得下去，你紧接着就要去教他们，不然社会就会乱掉。一个人没有钱的时候，他还不会做坏事，一有钱就开始为非作歹了。为什么没有钱不会做坏事？没有本钱做什么坏事呢？整天忙于生活，哪有时间去想做坏事呢？一有钱，什么花样都出来了，什么坏东西都出来了，这是事实。所以，一个人没有钱的时候，你教他是没有用的，但是一旦生活好过了，你就要教他，这是责任。

只会养民而不能教民，这样施政还是有问题的。我们要教导人民，使用正当的物品，处理正当的事情，用一句话讲，就是增加他们的生活价值。生活价值一方面有物质的，另一方面有人文的，我想现在我们已经慢慢感觉到，物质的其实很容易满足。我说物质方面很容易满足，是说物质的需求不能过分，一过分也没有办法满足。不知足，永远没有办法满足。

> 亲民有两层意思：一个是养民，一个是教民。如果只会养民而不能教民，施政是有问题的。
>
> ——曾仕强《为政之道》

政府只能让老百姓过小康的生

活，没有办法让老百姓过富裕的生活，可是政府要去教老百姓，怎么教？一句话：随时随地提醒我们的同胞，浪费资源罪大恶极。有些人从电视上看到美国人的生活好像跟神仙一样，很羡慕，但是如果你想过美国生活，那你就要有一个认知：如果全世界的人都过美国人的生活，需要五个地球的资源才有办法满足。我们现在只有一个地球，而且资源快用光了，连美国都守不住它的生活了，我们怎么可能都去过美国人的生活？

现在美国已经开始减薪，开始节俭了，开始要这样要那样，说难听一点，开始向中国学习；但是很多人还是不清楚。我们要让有钱的人懂得一个道理，就是你要多花一点钱，其实是无所谓的，但是绝对不能浪费任何资源。浪费资源是罪大恶极的，你多花钱那是你家的事，甚至你哪一天高兴，把车子开出去，然后看到人就送他一把人民币，那都无所谓，可是你浪费资源，就要小心了。

我们现在一定要让老百姓知道什么叫盛世，因为现在都期待我们走盛世，可是，什么叫盛世？盛世就是把你几百年的福分，在几年之内销蚀掉。哪个朝代不是这样？哪个国家不是这样？我们歌功颂德的那几位皇帝，其实就是把他们祖先所积蓄的一些资源，在几年之内一下花光了，有几个亲民的？这样大家才知道，为什么中国人都不拜他们。有谁家里面拜唐太宗？我不相信。有谁家拜汉武帝的？我也不相信。因为不能拜，一拜就衰了。

盛世要惜福，衰的时候要造福，有了这个观念，我们就很清楚了，我们只能过小康生活。有钱人要想办法回馈乡里，回馈社会，做一些真正有意义的事情，而不是干一些好看不管用的事。

有人问我庙多好不好，其实答案很简单，庙不在多少，在于这个庙有没有实现它的教化功能，如果有，就很好，如果没有，就是浪费资源。我们都会有一个标准，现在是这个标准没有立起来，所以大家东听西听，都觉得有道理，然后一想，什么都没有道理。当代人就是在这种苦恼的时代里面，大家才会觉得有钱好像也不是很幸福。以前没有这种感觉，因为以前没有钱，所以以为有钱什么都可以解决，现在有些钱了，就慢慢感觉到好像并不是那样。

我们导正老百姓，这叫教化。一个爱子女的人，绝对不希望子女变坏，一个爱子女的人，绝对不会纵容子女爱怎么样就怎么样。所以，为人民服务不是顺着老百姓的要求，如果全都满足老百姓的要求，那天下一定大乱。因为老百姓有各种不同的人，大家不是一致性的，大家的意见是不统一的。今天这个地方要更新，就是都市更新，其实老城市需要变新，大家愿不愿意？有人愿意，有人不愿意。你不愿意，我跟你沟通，我跟你说明，你还不听，那我就把你曝上网络。你都可以把我曝上网，我怎么不能把你也曝光到网上？今天当官的就怕自己的所言所行被曝上网，那我现在知道你要做钉子户，我也可以把你曝上网，不需要我说话，大家来看，自有公论，自然就搞得他自己赶快撤掉了，这叫作化。化，就是我本来很想做事情的，化到我没有事情可做，化到本来很忙的变得很闲。为什么会那么忙呢？凡事要讲方法。你可以用这样的方法对付我，我却不能这样对付你，那算什么公道为政之道，在于导正老百姓，即教化，但为人民服务不是全部满足老百姓的要求。

——曾仕强《为政之道》

呢？那就不公道了。

我们现在要了解，老百姓里面的确有非常好的，而且是多数，可是多数的老百姓是不敢说话的。你的邻居大声吵嚷，你敢说话吗？你一说话，他吵得更厉害。我经常在各地住旅馆，凌晨三点旅馆旁边的地方就开始施工了，我第二天还有事情要做，这样我怎么休息？我就打电话问饭店的值班经理："那声音是怎么回事？"他说："那个我们根本管不了，因为那是人家的工地，跟我们饭店没有关系。"其实不对，那是妨碍公共安宁，那不是没有法可以管的。可是谁敢管呢？你去报案，他们就把你的身份曝露出来，因为他们要做好人啊，然后对方就来找你了……最后弄到你真的不敢管。

有法可管，但是没有人敢出声，这才是事实。所以就要化，不然怎么办？你家楼上的住户在赌博，你敢报案吗？你报案，办案人员一方面接受你举报，另一方面得到好处，因为他卖人情给你楼上的住户，然后你楼上的住户知道是你报案，他就天天在楼上吵闹，你怎么办呢？这叫亲民吗？亲谁啊？亲好人还是亲坏人？这些人的做法合法，但是不合情理。我们现在的问题就是合法，每个人都合法，可就是不合情理。怎么办？大家都闷住不吭气。所以，电视上常常有人大肆宣传："中国人为什么不吭气？你要吭声，你要站出来！"那都是废话，又不是你，有种你出来！我不相信你敢出来，你讲那么好听，你出来试试，你为什么躲在里面？因为大家都知道，谁出来谁就倒霉。这是整体问题，不是个别问题，也不是说只有中国有，全世界都是一样的。谁愿意为了大家而牺牲自己？没人愿意，走遍全世界也都是一个样。

如果天天只讲权利、义务，谁都不愿意。如果按照《易经》的说法，这是每个人的责任，那就不会有人推辞，大家就会想办法去做。我有一个朋友当总经理，他底下有一个属下实在坏得不能再坏，可是没有人敢动他，为什么？因为他大哥是黑社会的老大。谁敢动他？最后我那个朋友还是动了他，他怎么做的？很简单，他就带着礼物去见那个老大，一开始就赞美自己的那个属下："您弟弟在我那里帮了我很多忙，所以我今天特地来感谢您！"那个老大说："你客气。"因为这个老大也知道自己的弟弟是什么货色，所以听我朋友那么说，他也有点不好意思："什么你感谢我，他有做错什么事情，你告诉我，我叫他来骂就好了！"中国人很奇怪，你这样一来，他就骂他，你如果不肯低头，他就整你。

一切都是自作自受。有什么事情拐个弯，就顺顺当当的，如果走直线，往往都是行不通的。可西方人都是走直线的，我们现在满脑子也都是走直线，这是非常糟糕的。

第六章

行有所止，合理为道

在中国社会，要按照中国人的心理去为人民服务，这样才会成功，否则就很吃力，而且民怨很多，终究是个负担。现在很多人对于“止于至善”这四个字的理解不甚妥当，甚至还有一些扭曲，这其实是受到汉朝和宋朝的读书人的某些影响。那么，这四个字到底在讲什么呢？我们这一节好好地来说明一下。

一、《易经》只讲三个字

整部《易经》的内容，实际上只讲到三个字而已。

第一个字：上。上下的这个上，跟上梁的上是同一个字。一个人，不管做什么事情，一生都不要忘记，要不停地求上进。这个上进，就是往上梁的方向去迈进。可是，人的寿命是有限的，一路求上进，有足够的时间吗？有足够的精力吗？这就涉及下一个字了。

第二个字：止。止，就是上字旁边加一竖。止是什么意思？就是恰到好处，不要过分，所以《大学》里面讲知止。要适可而止，不要过分地贪，这对于我们每一个人来说，都是非常重要的。连做学问都不可以贪，何况其他的？

第三个字：正。我们说止在什么地方，就是止在这个正字，也就是至善。上、止、正，这三个字都只差一点点而已，一个上加一竖就变止，止上面再加一横就叫正。凡是中国字，有上面一横下面一横的，都告诉我们，上面那一横叫作顶天，下面这一横叫作立地。做人就要顶天立地，堂堂正正，做学问是为了这个，不是为其他。

上→止→正

汉朝的人把“止于至善”这个“止”解释成居住、停留。找到一个至善的地方，然后不能再动，坚持那个至善，停留在那里。听起来很好，实际上是做不到的。不管是明明德，还是亲民，一定都要止于至善，这个有点唱高调。当你把调子提得太高的时候，很多人就望而却步，根本就不想做，所以汉朝那些当官的嘴巴都讲，宦海半生，两袖清风，但是实际上贪污腐败，愧对百姓。所有的这种口是心非的事实，是骗不过老百姓的。汉朝官场的这些现象，就是对止于至善认识错误所造成的一种恶果。

宋朝更妙，要去人欲存天理。人欲怎么可以去呢？人如果没有欲望，就像木头人一样。人只要活着，就一定有欲望，欲望不能去，去了就不像人了。全世界的思想家，没有一个人告诉你可以纵欲，可以满足你的欲望，那是做不到的，因为欲望是无穷的，但是不可以去人欲。

存天理，那也是一种太高的理想。《水浒传》为什么最后是那个结局？就是一个字写错了而已，替天行道，那还得了？老天爷都被你替代了，那你不就是天下的主宰了？那个替应该是体会的体，而不是代替的替，做一个人，要好好去体会，去领悟上天的道理在哪里，按照上天的道理去做才对，那叫作体天行道。就凭梁山一百零八条好汉，就可以替天行道？后果怎么样？我们不是幸灾乐祸，只是提醒大家，一切都是自作自受。

宋朝考试的时候，每个人写得头头是道，但是实际上都是自欺欺人。一直到现在，只要用人是通过考试的方式，我保证大家心里头会有一种不公平的感觉，因为我们都清楚，成绩好的人不见得是好官。既然大家都知道，为什么我们还要做这种事情？这需要采取一种综合性的考虑，不可以用单一指标，因为中国人很厉害，一个指标拟定出来，就有人专门照着这个指标去做，其他都不管，那就糟糕了。你用什么做指标，他就钻营，就照着指标来满足你的要求，那你就上当了。

西方人完全可以制度化，中国人只要制度化，很奇怪，每个人隐隐约约都感觉到有一种不平的气愤，这要靠大家自己去体悟的。知止是每个人都应该做的事情，可是每一个人的分不同，人各有分，人人有分，但是后面一定要加一句话，每个人的分大小都不一样，高低不相同，轻重不一致，这才是事实。

我一再说，天底下没有什么是平等的。梅花跟樱花怎么平等？兰花又怎么跟桃花平等呢？同样是草，天下没有两株完完全全相同的草，没有两个一模一样的人，没有两家完全相同的公司。我们有那么多省份，每一个省都不一样，所以才有地方特色，不然怎么叫地方特色呢？所以你要求完全一样，基本上是不对的。

为人君，止于仁；为人臣，止于敬；为人子，止于孝；为人父，止于慈；与国人交，止于信。

——《大学》

什么叫止？其实很简单：为人君，止于仁；为人臣，止于敬；为人子，止于孝；为人父，止于慈；与国人交，止于信。今天你是最高的领导，你要掌握那个仁字，而不是义。仁与义是不一样的，仁就是凭良心，义就是合理，怎么合理？那是下面人的事情，不是我的事。我当总经理，我只知道我们的产品是要面对大众，我们是要维护全民健康的，我们的企业，不管什么行业，只有一个企业文化，就是为人民服务，这是我在掌握。至于产品的质量如何，价格怎么定，跟我无关，各部门要尽责任。但是每个人各有所止，各守其分，各尽其责，这个才是合理的。什么东西总经理都懂，那一定有疏漏。凡是什么都管的，最后都是搞得一塌糊涂，这个我们已经看得太多了。

为人父，止于慈；为人子，止于孝。这个孝字是两个字合起来的，上面这个叫作老，下面这个叫作子，就是处理好老少父子两代的关系就叫孝。其实，我们今天用人不管用什么指标考核，最重要的还是要看这个人的人品，我建议直接到被考核的人家里面去看一看，看他跟老人的关系处得怎么样，这才是一个重要的参考项目，因为自古以来我们都知道，忠臣出于孝子之门。在家对二老都不孝，还能够对长官好吗？能够真正为人民服务吗？但是我们受西方的影响，什么都注意，就是这个不管。因为西方是公私分开的，我只管你的公事，私事我不管。其实公私是永远分不开的。

《大学》告诉我们，止而后有定、静、安、虑、得，止都做不到，怎么定得下来？我们讲决定，就是要裁决的时候，一定有知止而后有定，定而后能静，静而后能安，安而后能虑，虑而后能得。

——《大学》

相当的定力，否则刚刚批完了，又来一大堆意见，你是不是又要改呢？改了之后，一定又来一大堆申诉，那又怎么办呢？那就定不了。为什么定不了？因为止掌握不住，那个止本身就是动摇的。今天的人能动，不能静，这是要命的事情。职位越高的人，越不可以一天到晚动，一天到晚动的是工人。当了基层主管，你就要留一点时间定下来想一想，检讨一下目前的情况合不合乎要求。一个人太忙了，就没有时间检讨，只要不检讨，你永远不知道做得对不对，你就无从改善，只要无从改善，这个止于至善就落空了。

至善不要解释成最好的，世界上找不到最好的东西，此时此地最合理的，才叫至善。你现在要穿什么衣服？答案是不知道。为什么？气候在变，环境在变，对象在变，各种因素都在变，怎么可以说一定要这个样？可见那个定，其实是不定的意思。比如汽车上的雨刷，如果雨刷只会这样动来动去，你怎么开车？如果雨刷只固定不动，那下雨了怎么办？所以，它该动的时候就动，而且有时候动得很快，因为雨大，而有时候动得比较慢，雨水没有那么多嘛。

定，其实就含有不定的意思，这是我们跟西方人不一样的地方。西方人说定就是定，你不要给我动。中国人的定，就是随时要动，才叫定。一个人怎么可以定呢？可是你又怎么可以不定呢？我想了解这些事情，一定要用《易经》的思维去陶冶自己，我们说好，就含有不好的意思；我们说不好，就表示这当中有一些好，不然我们连不好这句话都不讲。我说这样不好，其实还是有一些好的，这才是真正的中国人。

二、如何做到止于至善

一个人静不下来的时候，心就不安了，心不安定，思维就不周全。很多人常常说，“哎哟，早知道就好了”“怎么那时候没有想到”“那时候就是太吵了”……这都是事实。我们要有所得，一开始就要有所止，止就是预先设定的标准。没有标准，怎么知道得到了没有？有所得，无所得，要看你标准定在哪里。止于至善的意思是说，我们一生一世都只有一个目标，就是随时调整人、事、地、物的关系，让它们达到一个此时此地最合理的水平，我们把它叫作动态当中的平衡点。所有人都在找动态的平衡。

那么，怎么样才能够做到止于至善呢？我们提出三点，供大家参考。

第一点，凡事求合理。中国不是凡事求合法的国家，西方人是一切依法办理，我们为什么不照西方的样子？很简单，因为法是死的，它动不了，它没有办法配合环境的变化。你说可以修法，当然可以，但修法要经过很漫长的时间，永远赶不上现实的变化。理是随时在动的，理在哪里？理在你的心中。法在哪里？法在文字上，所以中国人不是不守法，我们没有不守法的人，我们只做一件事情：在法律规定的范围之内，衡情论理，合理解决。就这一句话，没有一个人例外，我们一向都是这么做的，只是我们说不出来而已。不管你从事什么行业，不管你在多高多低的职位，你做什么事情，你敢不敢把法令调出来依法办理？那后遗症太严重了，而且办不通。所以，你要把法律法规摆在那里，就要开始想，情理何在，衡情论理，找到此时、此地、此人、此事，这个弹性有多大！所以，外国人批评我们执法不严，个别差异这么大。本来执法就不可能严，怎么严？大家去看看，凡是执法非常严的人，后果怎么样？就是众叛亲离，没有人服气的。

《易经》告诉我们，当皇帝亲自带兵出战的时候，表现最好的几乎都是小人。你是不是觉得很奇怪？为什么会这样呢？因为君子一般都很有原则，执法必严，不管你是皇帝带出来的，还是大将带出来，还是别的什么人带出来的，他不管，该打就打，该做就做。小人就不一样了，小人一看皇帝亲自带兵了，就想了：我晚上不能睡觉，我要全力以赴，我要表现得比谁都好啊……那不是小人是什么？皇帝如果赏罚分明，最后就被小人所包围了，因为每次都是小人表现得最好，一回朝，小人升官，最后就像《水浒传》所描述的，皇帝心里头很清楚，坏蛋就他们几个，但就是拿他们没有办法。有什么办法呢？只好委屈宋江这些忠义之士。

赏罚分明在我们听起来，好像是天经地义的，其实这种想法浅了一点。《易经》给我们的解决方法真是太好了：你是皇帝，打仗回来你要论功行赏，没有问题，但是你心里要知道，他是君子，你升他的官；他是小人，你就只给他钱，多给些也没问题，但千万不能升他的官。这样各方面的问题都解决了，这个就叫作因人、因地、因事而不同，这才是正道。西方讲的所谓赏罚分明，其实到最后是什么样，我相信大家也很清楚，要不然怎么会搞成现在这个状况呢？

第二点，要随时调整。凡事求合理，还不够，必须加上一句话，叫作随时调整。为什么要随时调整呢？因为凡事都是随时在变动的。办公的人只求自己不犯错，不管别人死活，我们不要这样的人。我们要衡情论理，能够根据每个人不同的状况，给他们最合适的处治。当然很多人会觉得这是出于私心，但那是他们的事，我们只求问心无愧。如果一切都按照法律去办，会损失多少人才？会折杀多少忠臣？会招来多少怨恨？这个才值得大家好好想一想，不是嘴巴讲讲那么容易，依法办理就可以解决一切问题？绝无此事！

既然依法办理解决不了问题，是不是每一样事情都要个案处理？也不对，那就太过分了。那怎么办呢？我们讲三句话，这三句话是自古以来都在用的：权不离经，权不损人，权不多用。

第一，权不离经。就是不管怎么变，都不能离开基本原则。赏罚分明是一个经，一定要赏罚分明，但是怎么赏，那是不一样的。对于君子，要赏他比较长远的，比如升官，让他可以继续为你分忧；而对于小人，要赏他短暂的，可以给钱但不升他的官，就一次投放，这样有所差别，有所分辨就对了。

经，我们今天都很熟悉，就是经常的意思，代表的是常则，是不可变的，对于人来说，那就是做事的基本原则。一个人如果变到连基本原则都没有，那他就乱套了；如果只有一个原则，“我就是这样”，那要么是脑筋不够用，要么就是不用脑筋。万变不离其宗，就表示有宗，但还是要变的。

第二，权不损人。我不损人，虽然你有功劳，我也知道你是小人，可我还是给你重赏。赏什么？赏金钱，因为你这样做，不过是贪金钱而已，我没有损害你，我更没有损害那些忠良的人，因为我给忠良的人是比较长久的东西，给小人是短暂的东西。君子心里也应该有数，不能看到别人获利多，好处多，心里就动摇，否则就变成小人了。我也可以给你钱，把你的官贬回来，你自己选择。

第三，权不多用。大家有没有发现，我们一直存有这样一个很矛盾的现象：一方面鼓励你要变，然后马上另一方面告诉你不能乱变，不能常常变，常常变就没有规矩。为什么会这样呢？刚推你出去，马上又把你拉回来，把你拉回来的时候，又马上把你推出去。当他说支持你的时候，他是随时会撒手不管的，这才叫一阴一阳之谓道。我支持你，你好好干，下面那一句话就是，只要你不好好干，我手就缩回来了。我越支持你，你攀得越高，我一缩回来，你就摔得越重，所以爬得越高的人，摔得越惨。听起来好像这个很绝情，但本来就应该这样，我为什么要无条件支持你？我支持你就是要你凭良心，好好干，你不要拖累我，我觉得这都很正常。我支持你，你把我搞垮了，那我算什么？我支持你，结果你危害社会，那我支持你干什么呢？所以，有些人觉得中国人很奸诈，说话不算数，又是两面人什么的，那都是小人的心态，不是君子的度量。

第三点，要使民以时。我们凡事求合理，就必须随时调整，随时调整就一定要坚守原则，这些是动态的，缺一不可。现在一般人只讲到一边，只讲依法办理，那就完了。只讲因人制宜，那也完了。依法办理和因人制宜是连在一起的，所以要使民以时。那个“时”非常重要，老百姓在忙的时候，你少去干扰他，老百姓比较正常了，你就慢慢去要求他，那个“时”是一切的根本。

其实，《易经》里最重要的概念，就是这个“时”。孔子读《易经》，他的心得只有四个字，叫作“时也，命也”。那个时一到，一切都自然而然了。春天一到，草木皆发，它要努力干什么？可是时间没有到，再怎么努力也没有用。为什么我们说时来运就转呢？因为运本来就会转的。什么时候转？时来就转了，时不来转什么？时不来就用守，时来就要转。但是很多人只会把时看成西方的timing，时哪有那么简单，只是个timing而已？没有那么简单。

时包括的内容很丰富。我们随便拿一个人来说，有时间没有时间，到底用什么来判定？不知道。我是当过兵的人，时间这一点，我最清楚了。总司令部说九点集合，因为他体谅大家，九点集合就够了，那么早来干什么？然后师部马上说，八点要集合完毕。他这样做是保护他自己，他管你死活？再到下面一级，要七点集合。最后，你的执行官宣布：明天早晨六点起床，六点半集合完毕。等到了九点，大家都精疲力竭，累个半死。这是事实，谁错？我不知道谁错，但是每一层都不了解下面在干什么。

要止于至善，先要做到以下三点：第一点，凡事求合理；第二点，要随时调整；第三点，要使民以时。

——曾仕强《为政之道》

其实，长官经常是被部属害死的，这就是我们平常说的拿着鸡毛当令箭。自古以来，我们都知道大官好相处，反而小官是很难缠的，就是每一个人只知道保护自己，不在乎别人，就这么一个原因而已。但是为什么中国人老这样呢？很简单，因为这都是痛苦当中得来的经验，如果真的一切照规定，每一阶层都倒霉。

三、一心多用，兼顾自身

在这里，我还要提醒大家一点，每一个人都要留一点时间给自己。我们现在流行一句话：年轻不可留白。传来传去，所以很多年轻人整天忙这个忙那个，一点空白都不要，就是受这句话的害。年轻怎么可以不留白呢？年轻人不能空白，一定要留白。你总要留十几分钟的时间换换衣服吧？你总要留下三十分钟自己反省一天的事情吧？你是不是太爱别人了，以至于不爱自己呢？那又何必呢？年轻一定要留白，你才有调整、反省、改善的一点点时间。整天忙着为老百姓服务的人，也应该留下一点时间，跟家人相处，为家人也尽一点责任，这才是中华文化里面很难翻译成西方语言的两个字，叫作兼顾。

兼顾是了不起的，西方人是不懂什么叫兼顾的，所以西方人告诉你，做事情要专心，要专心一意地做事，对此我不以为然。

中国人从小就是一心多用的，为什么要专心呢？在西方，你去邮政局寄信，只要前面那个人没完没了在那儿啰唆，你在后面只有干等，你一点办法都没有，这算什么效率？在中国，你跟我啰唆，我会叫后面那个人："你先来，我替你办。"我边办边听你的，不可以吗？为什么要等你办完呢？你跟我讲半小时，我怎么办？那后边的人就活该倒霉吗？我随时可以举很多例子。

弹性应用，一心多用，本来我们从小就这样，只不过一进了学校，就被老师给搞呆了。要这样的教育干什么？比如，我们小孩子在写作业，只要外面有人卖煎饼，他听到了，他就会要家长给他买一份，作业可以回头再做。妈妈说他不对，他说："妈，不是我，是弟弟。"不是他？他哪个没有听到？他那么专心干什么？中国人从小就懂得一心多用，随时随地。一个灵活的人，耳听八方，眼观四面，因为眼睛是比较有限的，眼睛不如耳朵。我常跟小孩子说："你看过钞票没有。"他说："当然看过。"我问："钞票有几面呢？"他说有两面。钞票只有两面？钞票有三面，怎么会是两面呢？两面的钞票还能用吗？那个厚度不算吗？那不算还叫什么钞票？就是一般人太专心了，所以搞得外面的事情照顾不过来。

第七章

兼收并蓄，讲究“三方”

我们说为政，“政”字很重要，政包括正气在里面，说的是政府做事要凭一股正气。老百姓刚开始或许会不理解，但是最后会觉得，那才是对的，因为公道自在人心。所以为官要讲究方法，要讲究方向，更要讲究方式，我们把它叫作“三方”。现在的人就是方向摸不清楚，含含糊糊，然后方法不讲究。我说一句很清楚的话：当你感觉到做事情很困难，你就应该检讨你的方法是不是正确的。方法正确，做事就会很轻松愉快，有什么难的？天下哪有什么难的事情？你的方式有问题，你的方式弄得人家没有办法接受，你明明是好意的，人家都没有办法接受，那就是方式有问题，所以你要把方向定好，找到合理的方式，还要讲究有效的方法。简而言之，不管做人还是做事，我们有三个东西是非常重要的，第一个叫方向，第二个叫方法，第三个叫方式。这三个只要有一个不对的话，就很难达成愿望，很难完成使命。

一、方向要正确

什么叫方向？中国人的责任是哪里来的？为什么全世界的人都讲权利、义务，只有我们中国人讲责任？中国人讲责任，这是孟子提出来的。孟子说：“天将降大任于斯人也，必先苦其心志，劳其筋骨，饿其体肤，空乏其身，行拂乱其所为，所以动心忍性，增益其所不能。”中国人的责任是老天给我们的，其实这就是我们所谓的天命。

每个人一出生就带有使命，肩负着这辈子所要完成的责任，叫成己成物。《大学》里讲得很清楚，要先“成己”，然后才能“成物”。成物是什么？齐家、治国、平天下。成己呢？从格物、致知、正心、诚意，一路下来到修身。所以，修身就是完成自己的品德修养，然后就开始齐家、治国、平天下。

大家一定觉得很奇怪，我一个人算什么？我怎么可能平天下呢？其实我们每一个人都在平天下，为什么？因为现在国际之间的交流很频繁，外国人从很远的地方到我们这里来，我们也会偶尔出去旅游，你走到哪里，人家都知道你是中国人，都会从你身上得到一个对中国人的概念，这就是你平天下的责任。所以，每个中国人如果到国外去旅游，他心里头要有这么一种责任感：我出去不能丢中国人的脸。这样就少了很多事情。

现在英国最大的百货公司里很少有英国人去买东西，几乎都是中国人，而且中国人一进去，也不问价钱，也不讨价还价，一下子扫光，这给人家的印象是好还是坏？这算什么平天下？人家不知道你是谁，但人家知道你是中国人，这就够了。

外国人到中国，其实他们的内心也是很挣扎的。我在上海就碰到一个老外，他说他来到上海，第一反应就是哭。我问他：“你哭什么？”他说：“因为人家都在骗我，说中国多落后，多辛苦，可是我来了，发现完全不是那么回事！”

每一个人在平天下方面多多少少都有一些贡献，在治国方面也有一点贡献，因为国家是所有家庭共同组成的。我们把整个国看成一个大家庭，那就叫大家，所以中国一开口就说“大家好”。大家好，就表示整个国家都很安定，才有资格叫大家好。家庭是国家的基础，每一个家庭都齐得很好，这个国家就安定了。

怎么修身？我现在提供给大家一个意见：你要站在齐家的立场来修身。齐家都做不好，就表示修身不够。修什么身？就是修得在自己的家庭里面，每一个人都觉得这样不错，这才叫修身。修身的成果是要在齐家里面去验收的，不是自己说了算。你说你修身修得好，家庭搞得一塌糊涂，那你这修身有什么用呢？我齐家是站在治国的立场来齐家，我要齐到跟左邻右舍都很和睦，我要齐到我们的子弟到社会上去不会为非作歹，我要齐到我们整个家庭的生活不会让警察伤脑筋，不会影响社会的安宁，那才叫齐家，那就已经完成了治国的一部分了。

我们治国，要治到全世界的人都能够拿我们做榜样，那就叫平天下。平天下不是去统一全世界，中国从来不去统一世界，我们的统一是我们内部的，我们对外不侵略。那什么叫平天下？就是我做出来这个榜样，全世界要过好日子，要有前途，你自自然然要跟我学习，这就对了。可见，齐家、治国、平天下，是每一个人的责任，而不是像有些人说的“顶多是修身

> 齐家、治国、平天下，是每一个人的责任。所以，修身不是目的，一路推出去，才是我们的方向。
>
> ——曾仕强《为政之道》

而已，齐家、治国、平天下都是个别人的事”。那是不对的，因为人迟早要跟他人互动，多少都会有一些社会关系，所以一定要记住，我们修身不是目的，而是要一路推出去，那才是我们的方向。

二、方法要有效

如果一个人真正了解《大学》里所讲的四个字——德本才末，就会明白，品德是基础，是根本，其他都是末，财产、才干其实都不是很重要。不是我们不重视才能，而是觉得才能随时可以培训。比如，一家工厂要招人，老实讲，那个工厂的技术学校是不会教的，学校教那个干什么？如果学校连这个都教，那学生不累死了？那怎么办呢？就去找一些品德比较好的人，然后进来一个师傅带一个，不久就学会了。技术是什么？技术的极致就是单纯，就像在实验室里面，研究完成却无法生产，就是技术太复杂了。没有一家工厂是实验室，所以不要说你在做这个做那个，你在做什么？你那套技术如果可以生产的话，就是很单纯的东西了，那时谁都会。越高科技越单纯，就是one touch就解决了，点一下就解决了，一切都是仪表，一切都是自动化，你只要动一下，它就解决了，它有什么难的？我不知道有什么难的。

品德不好的人，迟早会给你找麻烦。现代人满脑子都是才能，不知道品德是什么。品德就是安全的保证，就是你这个机构、团体能够顺利向前迈进的保证书。大家有没有发现，任何地方几乎都是内贼难防，外面的人比较容易防御。所有的事情几乎都是内贼搞出来的，外面的人其实不得其门而入。外患比较容易防范，内乱比较难治，这是自古以来我们都很清楚的事情，所以我们内部的管控，与其用各种的方式来管，不如刚开始就正确把关，这个非常重要。现在问题是把关错了，如果总找那些喜欢待遇高、工作轻松、离家近、放假又多的人，那你死定了，因为你的出发点都是错的。

我们要找一个人，一定要甄选，如果你把公司布置得很整齐，他来了觉得很有面子，跟你对答如流，你要这种人干什么？甄选的方向都错了。要是我的话，我是不会那样的，如果有人来应聘，我会把办公场所搞得乱七八糟，地上有污水，桌子上还有灰尘，你来应聘，专挑好的，那我不要你。我要的人是那种来了以后，二话不说就把外套脱了，然后替我擦干净、排整齐，这种人我要。你来应聘，我还要服侍你？可现在我们整个观念都错了，我们是存心欺骗，让他一来看你这里很堂皇，进来以后才发现一团糟。我反其道而行，故意搞得乱七八糟，看你要不要来。

有一个朋友跟我说，他在甄选员工的时候，所有的什么考试，还有口头询问全是假的，没有用，那都是形式。他在录用人员之前，会先派人去看面试的人穿什么袜子，凡是穿白袜子的就录取，穿其他颜色袜子的就不录取。不知道大家听了之后会不会觉得很可笑，这算什么？其实这才是真的有道理。他跟我讲："我第一关就是看一下这些人是不是真的想到我这里来，如果是真的想到我这里来，就会事先打听一下。如果事先什么都不了解就来了，我要这种人干什么？"我真的想到一家公司去，那我就先打听打听，听说得穿白袜子才能去，我就穿白袜子，最后就录取了。任何事情不是你轻易可以判断的，你要往深一层去想，人家的用意在哪里。

老实讲，才能的高低相差很少，考90分跟考60分差在哪里？我不知道差在哪里，如果真的很准确的话，那就很简单了，考出来就是一路升上去了，实际上不是这样。德才是本，才本来就是末，现在我们本末颠倒，很不正常。德本才末，就会影响到整体的风气，让大家从修身做起，只有成己的人，才有资格来成物，这是先后的问题。

另外，方法一定要有效，方法有效你就轻松愉快，方法无效你就辛苦劳累。所以，当你越来越觉得辛苦劳累的时候，你要马上提高警觉：是不是我的方法有问题。我们跟国人打交道，最困难的是什么？沟通最困难。其实沟通不是好的意思，什么叫沟通？谁跟你沟通？现在很多人学了外国人，说“我来跟你沟通沟通”，对方就很不高兴：你凭什么跟我沟通？我还要跟你沟通？一下子他心里头就不高兴了，你还跟他沟通？沟通是站在人与人平等的立场来讲的，而中国人之间往往有高低，有大小，有轻重。你在这里，两个人同时发声说话，你听谁的？你只有听一个人的，如果另一个人要讲，你就说：“你给我闭嘴。”那他们平等什么呢？只要你不是用那种利害关系来分，你就没有错。我们现在一想到分，就用利害关系来分，那就错了。它有轻重，有高低，有深浅，那才是应该分的。分是必然的，分的标准错了，怪谁？怪自己。只要有你的上司在，你干吗说话？还有你说话的余地吗？那你说："完蛋了，我有意见都不能说？"谁说你不能说呢？你等等再说，这个时候说对你绝对是有害的，你等等再去说，对你绝对是有利的，为什么这个也分不清楚？

中国人一切看情况，这就表示情况一变，你的方法就要改变了。西方人可以很直地告诉你："你的意见有几点我是不同意的。"中国人不会这么笨的，中国人会说："你的意见我通通接受。"先是说"我通通接受"，然后再说："有几点，希望能够稍微调整一下，还是保留，只不过是文字上改变一下。"他不会告诉你直话。在中国的社会，凡是直来直往的人都没有什么前途，但是我们所有的人都告诉你，做人要正直，要诚实，要……其实你理解的那个直，距离内涵根本是有差距的。他告诉你做人要正直，就是告诉你，你要会迂回，这才叫正直，可是你听了就是以为要直直的，那就天差地远了。

中国人沟通为什么难？几句话就讲完了：第一句，中国人是天底下最讲道理的人；第二句，你跟中国人讲道理，也是天底下最难的，因为他们只相信自己的道理，不相信别人的道理。你讲的跟我一样我就听，你讲的跟我不一样，我根本不听。所以，中国人哪有办法讨论问题？我们根本没法讨论，因为我们讨论到最后，都是一言堂。这方面我的经验太多了。人家请你去开会，你只要在会上讲出跟别人不同的意见，下次名单上你的名字就被除掉了。他干脆不请你，他请你干什么？请你来找麻烦吗？所以你会觉得很奇怪：怎么来这里的人讲话都一样？他就是专门请那些意见一样的人来参会的。

我这样讲，是不是说中国人听不进真话，听不进直话，听不进实话呢？不是。中国人最喜欢听的就是真话、实话、直话，但是你要会讲。如果讲话不讲究方式的话，那是没有用的。第一，我们对上跟对下说话的态度是不一样的。对上，千万记住，你只能请示，只能禀报，不能告知。现在我们都讲告知，而告知是平等的。第二，对上要大小事情都让他知道。绝对没有授权这回事，你不要相信那一套。我一再提醒大家，上面人的心态是什么样的？第一就是你不要害我。你害他，他还要你干什么？第二，就是你的所作所为不要连累到我，将来你有过失，责任也不要让我扛。这样很对，你凭什么让我扛？我用你，我给你机会，我提拔你，但我被你拖垮了，那我算什么？我还替你扛责任，那我要你这种人干吗？这一点错都没有。所以坦白讲，在中国社会，我们非常在乎对方心中有没有我。

一个人，他是老领导，你问他一句话就好，请问：“你对你的干部，对你的部属，最关心的一件事情是什么？最在乎的事情是什么？”看他怎么回答。他首先会告诉你：“没有什么。”中国人讲什么话以前，一定先说“没什么”，“只要肯干就好了”，他这样说，你不要相信，因为他这时候不会跟你讲真话的。中国人的习惯是你刚开始与他接触，他不跟你讲真话，都是讲客套话。请问：“你用人，最在乎的是什么？”“没有什么，肯干就好。”千万不要相信这句话，这是很多做学问的人常用的问卷法。西方人用问卷法做调查，然后就说中国人最在乎肯干，其实根本不是那么回事。所以，我们的问卷法经常是误差太大，那个结果是完全没有用的。你要会问，你问他："那能干重不重要呢？"他回答："当然重要了，不能干，光肯干那不麻烦了？"如果你以为他认为能干重要，那你就上当了。你要继续问："忠诚要不要紧呢？"他回答："那更不用说了，忠诚还用说吗？"中国人不用说的，就是最重要的。其实这些都不是真话，真话是什么？你问一个人："你当领导，最在乎你的干部什么事情？"真话就是这么一句："我最在乎他心中有没有我的存在。"可是很多人不以为然。不以为然，那你在中国社会就不要想有什么好的表现。

其实中国的教育，就是从小心中有父母，工作了心中有老板，出社会后心中有国家民族，就这么简单，其他的都没有什么重要的。子女只要心中没有父母，他在外面就胡作乱为——他就敢当街男女朋友抱在一起，因为他心中没有父母；他就敢去偷人家的东西，因为心中没有父母；他就敢在那里咋咋呼呼，讲一大堆人家听都听不进去的话，因为心中没有父母。

> 在中国社会，我们最在乎的，就是你心中有没有我。
>
> ——曾仕强《为政之道》

作为下属，做什么事情一定要想到：我这样会不会害我的领导？我心中有他，我自然守法；我心中有他，我自然知所节制；我心中有他，我不敢出卖他。我们经常出卖老板，老板几乎都是被下属害死的。你走到全世界，心中有中国，很多事情你就不敢做。但是我们的教科书里没有这一条，老师不教这一招，很多人沟通的第一条要领，就是看胳膊向谁弯。

——曾仕强《为政之道》

又忘光了，完了，那还有什么戏唱？中国人听你讲话，他不在乎你讲对讲错，因为讲对也是这样，讲错也是这样，最后都是一样的。他最在乎你的胳膊是不是向他弯，你的胳膊向别人弯，你讲什么话他都不听。所以，沟通的第一条要领，就是看胳膊向谁弯。是不是胳膊向他弯，就表示偏袒他？其实不是，你胳膊向他弯，你才有方法把他导正。我们心中有他，就是希望他走正道，这才是根本的道理。

对中国人，激励是没有效的，为什么？两句话讲完了，得到好处的人不感谢，没有得到好处的人一直埋怨，一直咒你。事实就是这样的，到今天也没有办法解决这个问题，你给他钱是白给的，你不给他，他到处骂，不停地骂。要好好地检讨，这是怎么回事呢？就是用西方那套方法来对中国人，最后产生这样的结果，因为中国人的很多思维是跟西方完全不一样的。你当领导，下属少说十几二十个，你出差到美国一趟，回来后如果给每个人送同样的礼物，一定没有人感谢你。你大概赚了什么外快了，分我们一点，塞塞我们的嘴巴，他们一定是这样想的，不会感谢你。中国人才不会对每个人同样对待，中国人是给这个人带这个，给那个人带那个，回来用报纸包好，放在办公室的抽屉里，看这个来，等等，偷偷摸出一样东西给他：“不要告诉别人，我只带这么一瓶。”不得了，回到家，他全家都感谢你。可是我们现在也学了西方的公开、公正、公平，那其实是害自己。

三、方式要适宜

方式是什么意思？《大学》讲方式讲得非常精彩："所恶于上，毋以使下。"上级对你这种态度，你很不高兴，你千万不要用这种态度对待你的下级。你对上级最不高兴的是什么？就是他老摆脸色给你看，你当然不高兴：你摆架子，那你有本事你自己去做！你摆脸色，我不甩你，我在你面前是是是，一出去就忘光光。当领导的人千万记住，你只能用脸色来暗示他，不能摆脸色给人家看，差就差在这么一点点上。你不可以去骂你的下属，因为他会受不了，但是你又不能纵容他，所以你就用脸色来暗示他：你这样，我不高兴，可是我不会讲。

人与人之间，就像玻璃瓶一样，稍有点裂痕就是终生存在的，永远无法修复；可是我不摆脸色给他看，他永远不知道。请记住，用脸色来暗示人家，人家事后会感谢你；摆脸色给人家看，没有一个人喜欢你。

下属对上级应该怎么办？很简单，只要有别人在，老板永远是对的。老板叫你去死，你说："好好好。"老板叫你去杀人，你还是说："是是是。"你就是不能讲反对的话。客人走了，你就进来，你问："真要去杀人？""杀人？谁去杀人？那是讲给他听的。"你说："是是是。"然后就没事了。

中国人千变万化，哪会像西方人那么呆板？其实大家真的不了解西方人。我们往往觉得中国人没有信用，西方人有信用，其实完全错了。在西方，如果没有文字的话，那是谁都不认账的，口说无凭，一定要有文字才算数，那是西方的真面目。西方的上司喜欢抢下属的功劳，哪里像大家所了解的那样！西方人就是一个嘴巴而已，他做什么事？你到美国去看，所有做事情的都是外国人，美国就是一个嘴巴而已。不要误解，因为你根本不了解真相。西方人有什么效率？我到美国去看他们的工厂，他们有什么效率？那些女工，五点下班，四点半她们就开始在化妆室涂粉，搞胭脂。她出来的时候我就问：“现在是上班时间，你怎么可以做这些事情？”她说：“我怎么不能做？我早上来的时候粉涂得好好的，胭脂涂得好好的，是在这里掉的，不在这里补，难道要我回家去补吗？”她讲了一大堆，怎么没有道理呢？谁像中国人这么勤劳工作？没有。

其实我在英国时，我的老师经常跟我们讲：“你们中国人就是一个hard worker，一辈子只知道工作，你们还知道什么？”我们反而觉得自己没有什么，全世界没有哪个国家的人比中国人更勤劳、更负责、更忠诚，你永远找不到。在美国，你问一个人：“你对你的公司忠诚吗？”他两个眼瞪着你：“什么忠诚？”你问他：“你对你的老板忠诚吗？”他会告诉你：“ridiculous！笑话，我对他忠诚干什么？”他甚至会公开告诉你：“我对他忠诚干什么？我明天就要跑了，我还忠诚！”这是我们完全不了解的。

老实讲，美国人的书会那样写，是他们的缺点就在那里。《论语》会讲这些话，就是中国人的问题都在这里。大家想想看，如果美国不缺少那些，那写这么些书干什么？中国人如果不是缺少这些，那《论语》一直传下来干什么？凡是在这个地方流传比较广的，就是我们所缺的，这是非常容易理解的事情。美国人写的书，那是他们的需要，我们这里不缺这个东西。

我们将心比心，上级对我这样，我喜欢的，我就用这种方式去对下级。我问你：领导如何对你，你会比较喜欢？两个字而已：关心。领导关心你，你感觉很温暖，你就关心下属，让他也很温暖，这样就很清楚了。

你有没有发现，我们排队，一个人排在前面，在那儿扯来扯去，又大声讲笑话，排在后面的人一定很气：你排我在前面，你当然笑，你排在后面，你会笑吗？就是因为排在前面的人从来没有将心比心。他看着后面的人，他可以做人情吗？他不管，他看见熟人就立刻喊："来来来，进来。"那后面的人就活该等啊？只要你后面有人存在，你排队就不要叫人来，除非你牺牲自己让给他，一个顶一个，后面的人没话讲。你站在前面，然后喊你的同伴："来啊。"让你的朋友加塞，后面的人不恨你才怪呢！

第八章

小处着手，大处着眼

现在的人有一个大的问题是只相信看得见的，不相信看不见的，其实学科学的人应该知道，最厉害的是那只看不见的手，英文叫作the invisible hand，那才是最厉害的。可控的东西其实都很简单，不可控的东西才麻烦。那我们怎么办呢？很简单，就是从小处着手，从大处着眼，也就是我们说的要有整体的规划，我们在这方面需要加强。所以这一节，我们就来谈谈这个问题。

一、规划之前先做预测

我们一方面说“计划永远赶不上变化”，另一方面又说“一定要做好长期宏观的规划”，这两句话你相信哪一句？一切都在变动，怎么做计划？如果没有计划，明天怎么走？不要说太长了，明天就无法走。这当中牵涉到一个很重要的东西——预测。如果没有预测，怎么做规划？怎么长远？又如何宏观？

但是一讲到预测，大家就会画很多的问号——到底是真的还是假的？其实预测是科学里面的一种方法，它不完全是迷信；但是科学很明确地告诉你，测是测不准的。气象局的仪器很精密，设备很现代，人员很认真，为什么经常测不准？大家去研究测不准的原因在哪里，结果会告诉你：我测的是很准的，不是测不准，只是测定以后结果又开始变化。变化是无法掌握的，这才叫作测不准。

我再三提醒各位，不要从字面上去了解事情，一听说测不准，就赶紧说不要测了。那糟糕了！我们测是测得很准，科学仪器那么精密，怎么测不准呢？可是测完以后结果又开始变动了，那关我什么事？怎么说我测不准呢？这就要有一个正确的认识。

既然知道这样，那下一步我们就要考虑，如果测了以后还要变化，那该怎么办？第一，要不要测？答案是一定要测的，不测的话连个基础的依据都没有。第二，测准以后做了规划，是不是一定按照规划去做？答案当然是不一定了。所以，我们经常听老祖宗说“会而不议，议而不决，决而不行”。现在，我们才知道它是非常现代化的。我们今天开会，开会有什么用？反正开完了整个又变了，但还是要开。那有依据跟没有依据不是一样吗？这样决定就这样去做，你敢吗？当然不敢了！因为只要外界的环境一改变，你怎么决定是一回事，该怎么做又是另一回事。我这一句话是用40年的时间换来的：老祖宗所讲的话没有一句是错的，是我们理解错了，用错了。错在我们，不在老祖宗，但是终归还是错，所以一定要它把导正。

第一步，就是测不准才要测。如果测得很准，那就不叫“测”，而叫“定”了。既然测不准，那测什么？测一个方向，方向正确不正确，现在一定要测。确定方向就可以开始做计划了，但是心里一定要知道，做了计划，不一定按照这个去执行，随时都要调整。所以，中国人有时说话不算数——当然不能算数了，怎么算数呢？这样就很清楚：定了的事情随时可以改，只要方向不改就叫调整，就不叫改变。

中国人的“调整”和“改变”，是不同的意思。一件事情，如果一年之内可以完成，那很简单，变化不太大，比较有把握，我可以说大概有80%的把握按照原定计划完成。一件事情，如果要三年才能完成，那就麻烦了，变化不知道有多大。如果需要五年、十年，到时候可能变得面目全非了。那我问你：“要不要这样做？”答案是：“当然要这样做！”

我们中国的教育为什么那么麻烦？我们的教育最大的问题在哪里？自古以来都一样，没有改变，就是考试导向，我们永远以考试为导向。我从小就听到老师讲：“这个要考的，好好读啊！”大家就拼命读，所以就养成学生一个习惯，先问：“这个考试吗？”“这个不考。”那算了。“要考试。”读！这算什么教育呢？

可是，我们出来为人民服务的时候是什么导向？是考绩导向。你怎么考核，我就怎么应付你：你要硬体的，我就做硬件了；你开始跟我讲软体的，我就弄软件。这能怪谁？是任期制使他无心做长期规划。

长期规划没有绩效，我为什么做长期规划？辛苦了半天，下一任捞到好处，那我白忙了。我所谓的好处不是坏事，是有绩效，可是你说没有任期，那还得了？谁都不想换，一路做到底，一做做到死，那更糟糕了！中国的好处就是我们的历史很长，很多事情我们都尝试过。秦朝的中央集权不好，汉朝就开始地方分权，糟糕。哪个没有试过？没有任期制，伤脑筋；有任期制，“三年官两年满”，这是谁都知道的事情。最后一年你要做什么事？最后一年还调动人事，就表示你有私心。我的任期还有三个月，我还调动人事的话，所有人都不会谅解我：你明明要走了，你还搞这些东西，那新来的人怎么办？他讲这些都对，有什么错的？一切都是那个根源出了问题。

我常常听到的就是说没有整体规划。其实我对这些话都不怎么听，不会去赞同，也不会反对，为什么？因为他根本不懂！他懂得什么叫整体规划？看到马路东一条西一条，以为就是整体规划？有哪个地方有本事说：我这个规划下去一百年不动？有哪个地方有这种本事？没有！

中国人按图实施的机会很少，为什么？因为当初做规划的时候就没有实地去勘察。非要这样的话，那个工程要增加多少费用，稍微挪过来一点，就减少很多费用，不挪才怪呢！但是施工这么一挪，却没有人去修改设计图，所以将来需要改造什么的，一把设计图拿出来，照着挖下去，就是挖不到管道，因为当年根本就没有按图施工。这就是事实，你骂谁都没有用。我们长期以来什么事都试过，什么花样都尝试过，没有一套真正可行的东西，所以我们就想到《易经》。《易经》告诉我们什么？“不可为典要。”没有一样是可以让你终生去用的东西，唯变所适，一定要随时调整。

> 做事必须要有整体规划，但一定要随时调整。
>
> ——曾仕强《为政之道》

所以很简单，法令一定要给它一个时限，任何法令给它时限，到时候就要调整，到时候就要修正，到时候就要改，不改就是不行。所以，我们常常说“中国人就是五分钟热度”，其实不是，而是那段时间过后，那个法令都不合时宜了，完全不合时宜了，再照法令去做，就会更糟糕了。

二、最好重视地方特色

我们必须从观念上来厘清，什么叫“宏观”？“宏”到什么地步？中国版图这么大，有山有水，各色各样的都有，几乎全世界有的东西我们都有，能“宏”到什么地步？外国人就很简单，把美国的地图调出来看一看，是一刀切下去的，管你什么山水，一刀切下去的，他只管这一块，其他不管。中国会这样做吗？我们这个省跟那个省的临界都是弯弯曲曲，从来没有直线的。现在第一个问题：我们划分各省的临界，可不可以用直线？当然不可以！要么顺着水，要么顺着山，山没有一座是直的，水也没有一条是直的，所以我们的地域都是弯弯曲曲的。我们才符合自然，有山，就按照山来分——山东、山西；有水，就按照水来分——河南、河北，清清楚楚。美国没有，美国几乎是一刀切。

原本我们对的东西，现在大家认为不对，这就是我们的观念有问题了。我们不可以全国统一要求，因为地方特色一定要兼顾到。现在本来是农业省份的，非要搞个什么高新区，有没有必要？其实没有必要；但是如果我们是统一标准，统一要求的话，那就完了，因为它非做不可。考级导向、考核导向告诉我们，那个考核的制度要合理，要重视地方的特色，没有办法全国统一。

既然全国不统一，大家就产生一种不公平的感觉：为什么对这几个省份特别照顾，对我们特别苛求？其实根本没有必要去管它。我想现在我们已经讲到重要的核心了，就是我们怕外国人批评我们人治的色彩太浓，怕外国人认为我们不重视人权，等等。管这些干什么？我就是照中国人的方法去做，只要我老百姓安足，只要我国家富强，我管你呢？

你有没有发现，以前全世界都用他们的标准来看我们，现在慢慢地不一样了，现在都要说："我们听听中国人的意见。"意思就是说，只要自己做得好，还在乎人家批评你吗？他们根本不懂我们的事情。

我们的历史给我们的教训是很深刻的，天底下没有一样东西是永远对的，永远管用的，我们常常要做一个合理的调整，只要时间一到你没有改，就麻烦了。

其实真正懂历史的人都知道，我们改朝换代很少是靠武力成功的，绝大多数是天灾造成的。不管什么朝代，只要连续三五年旱灾，这个朝代就完了。气候的变迁到底是人为的还是自然的，到今天还争论不休。今天科学家始终认为，天气异常跟我们科学无关，实际上他们也心知肚明，只是不愿意承担这个责任而已，人类排出那么多的二氧化碳，连恐怖的铯、钚元素都出来了，科学一点责任都没有吗？我不相信。联合国告诉我们，人类要开始承受这种不正常的气候。那我们就要让大家了解，你身为中国人，就要承受这种变动，而且要认识到，每个地方都会有不太一样的状况。

我们不像美国，其实大家想想看，美国是怎么搞的？我年轻的时候到美国去，完全不理解他们怎么会那么做。我上学的时候，他们商店是开着的，我一放学，商店就闭了；我双休日有时间，他们商店不开门，这是当年美国的状况。我百思不得其解，这是做生意吗？其实一直到现在都是这样，当然现在弹性慢慢大了，就是说，如果是六点关门，他五点半就会告诉大家，六点要关门了，现在要准备往外面走，不要再买东西了。然后等到前十分钟，他就开始请大家赶快离开，就像要疏散一样，大家像要逃命一样。到了六点，一下整个闸门就关掉了，我们真的没有办法忍受这样的事情。

在我们中国，没有人了，没有客户了，要拉下铁门，拉一半再看看，有人来了，又抬上去……哪里看见客人来了，却把他赶跑的？

这样还不算，还有一种更妙的。在美国，开店的地方不能住人，住家在另外一个地方。大家看，这个负担多大，我租了一个店面，然后我要付房租，却只能在营业时间使用。下了班之后，乖乖地开车回到住的那个地方，两边都要付钱。中国人，楼下做生意，楼上睡觉，实在太小了，上面弄一个隔层，晚上爬进去，就睡了。

美国的商业区晚上灯火通明，我就问警察："为什么这里要那么亮呢？"他看着我，说："你不是警察，才会问这个问题。"我问："为什么呢？"他说："如果黑黢黢的，我们会来巡逻吗？一下子不就死掉了？你让我们巡逻，很简单，你把灯给我打开，我来巡逻才安全，要不然歹徒藏在暗处，嘣的一声……有几个警察，有几条命？”

为了警察巡逻的安全，灯火通亮，浪费多少能源？我讲这句话的意思是说，各国有不同的风土人情，谁也不要去学谁；但是很多东西，外国人学中国人的还是比较多的。他们现在开店已经有了很大变化，做生意的也知道到外面来招揽客人进店了。如果你最近到美国去，你会发现，根本不需要讲英语，因为他们现在训练出一大批业务员都会讲中文，你会发现你的英语到那里好像不管用一样。

既然整个在变，那怎么做规划呢？答案很简单，方向搞清楚，我们用心去预测，预测完了以后，做一个大致上的规划。细步的规划，只能做短期的，而且还要随时去调整。所以，大家一定要做好心理准备：决定是这样的，到时候不一定是这样的。那就对了，本来就是这样，哪里有怎么决定就怎么说，一说了就不能改的？没有这回事。

多少马路都是弯来弯去的，为什么？只有新开的马路是直的，老路统统是弯来弯去的，这是什么道理？第一，是顺着地理环境；第二，当你要开一条马路，但这里有个庙，怎么办呢？现在当然很简单了——拆掉。以前谁敢啊？经常为了避开庙宇，就把路修得偏过去一点。我不说它对错，因为每个人的感受不一样。为了风水，有些人会改变道路的方向，这些是因为时代的不同，有不同的认知，有不同的感受，不可以用现在的想法去否定以前的一切。

三、合理调配三种规划

我们慢慢就会了解，规划分三种，第一种是长期规划。十年就已经是长期的了，哪里有十年以上还要做什么规划的？根本没有。我做了二十年规划，我可以好好规划这么一个方案，到时候我已经死掉了，不管它了，那还得了？

有一招最厉害的是什么？你去做规划，尽管你搞得很理想化，搞得不切实际，无所谓，最后我叫你去执行，你看着办好了。我访问过一位一生做过很多长期重大规划的人，我很诚恳地去问他："你这么有经验，做了这么大的案子，这么多的个案，你告诉我，你做规划的时候，你的要领是什么？"他用英文回答我，一句话而已："How to escape."意思是做规划，首先要想到怎么样才逃得掉。我当时听不懂："做规划还要逃得掉？"他告诉我："当然，做规划到最后就是把自己套牢了。"他说这话是很有道理的。如果规划真的行不通，把自己套牢在里面，真的很难看。你规划的，到时候你又说钱不够用，实施行不通，大家不满意，你最后怎么能全身而退？

你是做规划的人，你要想到，万一有一天叫你去执行，你该怎么办？当你做规划的时候，你要想到后人会怎么看你。其实说到底，做规划都不是考虑现在，哪有只考虑现在的？我做的这个规划，我人死了以后，这个规划的成果还是存在的。老实讲，现在很多规划被拆掉了，拆掉反而好，没有证据，但是那些依然摆在那里的，人们天天经过时讲："都是那个家伙搞的！"那不更糟糕！

所以，现在一些人随随便便就讲什么宏观规划、整体调整，我觉得不要这样比较好。人要包容，要体谅，一句话，只要当官的人真的是为公着想，我们就应该包容他，应该体谅他。其实，中国人的很多事情就是个公私的分别而已。为什么马路是歪的？如果因为是你亲戚的家，那所有人都骂你。如果是因为正当的理由，那人家不会骂你，反而说你体察实情。

所以做规划的人，第一，要为公着想，不要为自己打算盘；第二，要用心去做，做不通的时候，要向大家说明这是什么原因，大家就会谅解；第三，越长远，越经得起时间的考验，这才是你真正的贡献。很多东西，没有经过时间的检验，谁都不知道对错。建一个飞机场要多大？我不晓得。什么才算大，什么才算小？没有一定的标准。

因此，我们做十年规划，确实是太遥远了，所以最好是做五年计划，这是第二种，即中期规划。现在差不多都是五年计划，因为五年比较容易掌握。但是五年时间，还要分长期、中期、短期，五年里面，前三年做什么，前两年做什么，下一年做什么……还是要有弹性，不能一口气就全都定下来。这就是第三种，即短期规划。

现在，物价不停地涨，原料短缺，人工费用增长，还有各方面的压力，再加上政策改变，又怎么办？太多的因素制约着整个规划。所以我们必须要了解，我做，是做比较长远的规划，但是做了规划以后要随时去调整。调整得合理，大家就会接受，也必须接受，不能说看见调整了，跟以前的规划不一样了，就提出异议：你怎么这样？有少数人会因为自己的利害关系而提出严重的抗议，对这样的人，你先告诉他原因，实在不行的时候，你就不要理他了，因为没有办法顾虑那么多。我们一方面叫你一定要顾虑，但是另一方面又马上告诉你，没有办法顾虑那么多，那个度很重要。我让你到这个地步，你还不满意，我就不管你了，否则我就没有办法做事了。中国人很好商量，但是不要过分，过分就不行了。

在这种情况之下，我们有三句话要放在脑海里：第一，每一个地方都应该让它有特色。美国就是没有特色，搞得每一个城市都差不多，你去那里干什么？去一次就不想去了，不是麦当劳，就是沃尔玛，然后就是教堂，还有什么？没有了！我们如果把全中国都搞成每一省都一样的时候，那你旅游干什么？

第二，各地的特色一定要有，但是我们要让它整体均衡发展，不要过分集中。我们早就知道了，集中有集中的好处，分散有分散的好处，永远没有定论。一条街统统是卖布的好不好？以前认为不好，同行竞争太厉害了。可后来又觉得很好，商家可以形成产业规模，顾客一次就可以看完了；但是，集中的当中偶尔有人在那里设一个不一样产品的店，生意倒也会很好。所以，集中和分散到底哪个更好，也是变动的。因为人的喜好也是变动的，有时候喜欢集中，然后慢慢地又喜欢偏僻，一切都是会变动的。

第三，到一定时间，就要做一些调整，而这个出发点就是做整体规划，要坚守三个原则：一、坚持地方特色；二、整体均衡发展；三、宏观适时调整。

——曾仕强《为政之道》

要为公着想。千万记住一句话："想讨好所有的人，最后讨好不了任何人。"这句话很重要。中国人是无法讨好的，也是得罪不起的。把这两句话合在一起想，你就知道"度"在哪里了。再说一遍，中国人是很难讨好的，中国人也是无法得罪的。你得罪不起他，也讨好不了他，所以你只有正己正心、实实在在，但是我会采取知遇姿态，我会尽量站在你的立场，跟你说明我为什么要这样做，如果做得差不多了，你再故意刁难我，我就翻脸，这就叫作"恩威并济"。如果你不翻脸，他就吃定你；如果你一开始就翻脸，他就跟你为仇，你也受不了。老实讲，一个人树敌太多了，命是活不长的；可是一个人完全没有敌人，又是没有存在价值的，就这么简单。

我们做整体规划的人，要记住最后的那个衡量标准是什么，一句话讲完了：让那些有私心、只讲利害关系的人骂你，让那些真正替对方着想、有长远眼光的人说你好。这就够了。真正的好人，会有人说你好，也有人说你坏。所有人都说你好，你一定是"乡愿"，没有是非。那你何必呢？但是，谁说你好，谁说你坏，这是关键。坏人说你好，好人说你坏，完了！好人说你好，坏人说你坏——很坏很坏，你就是很好的人。用这种心境来做规划，你会比较有成果。

第九章

分期渐进，品质为要

我们说不管你怎么规划，都要分期渐进，也就是说要一期一期稳健推进，还要注意适时调整。“说定了，从此就这样了，不能改了”，那是不对的。这个“渐”，在《易经》里也是一个卦，就是“逐渐地”，用英文来讲，叫作approaching，意即逐渐地朝向你既定的目标前进，但是会有一些迂回，会有一些调整，而不是走直路。我们现在所学的都是走直路，那是行不通的。这一节就来谈一谈，应该如何分期渐进。

一、不求有功，但求无过

做计划的人，最要紧的就是要保护自己。这句话大家不要想偏了，因为这一百年来，我们中国人最大的问题就是把事情往坏处去想。一想到做计划，想自己怎么逃，就觉得这是一开始就存心不良。其实不是，思路有正有反，我们要尽量朝正的方向去想。一件事情做好计划，心里应该清楚，变数太多：本来有这个人的，突然间死掉；本来有这笔钱的，一下子不见了；本来原物料都没有问题的，现在买不到了……这些事情都不是你做计划的人能够全盘控制的。因此，你在做计划的时候，要有弹性，不能做得太过死板。

我们现代人很喜欢精密、周全、完备，一次都解决，那是不可能的，因为人有创造性，也有局限性，人所能控制的是很有限的。因此，规划的弹性是什么？就是让你可以随时去调整。一件事情，如果今天就可以做完，当然比较有把握。如果要隔一个晚上，恐怕又会有新的问题，那就要考虑有替代性的可能。

我们知道，一个阶段有一个阶段的问题，所以做任何计划，都要经过阶段性的调整。因此，为了配合任期制，我们要制定出能够承接，能够继续，可持续的规划。其实，我们想得宽广一点，每一个人都有任期。为什么？就像我好了，我今天有把握把这些事情做完，是因为这是最后一个阶段。如果明天还要做，凭良心讲，我就没有太大把握，因为我今天晚上可能就没了，就不见了。每一个人都有这样的打算，我们的寿命是有限的，每个人都逃不过有生必有死的命运，我要在我能够控制的这段时间之内，把我的任务完成，不可能。这就是为什么每一个人到最后，都是不了了之的。可是你不了了之，后面的人要能够承接，要能够继续，这种可持续的措施，才是重要的。

一个阶段有一个阶段的问题，所以做任何计划都要经过阶段性的调整。

我们可以做计划，但是不能害别人。这话怎么说呢？我把五年计划、十年计划做出来，后面调子提得很高，目标提得光明正大，然后我只完成这个，后面的人铁定不能完成，那就是我在害他们。何必做这种事情？每一个人，尽管寿命有限，任期有限，还是要把整个计划从头到尾做一个可行性分析。当然，这个可行性要有未来性，因为每一天的情况是会变化的。

难就难在一方面要可行，另一方面能持续，然后又要保证后代子孙不会骂你。所以，我们必须用一种正心的态度，心很正，没有邪念，你自然会找到一个正大光明的目标，然后一步一步去推进。这就是孔子讲的一句话，尽人力，听天命——你只能尽人力，做到什么地步算什么地步，能做多少是老天决定，这个跟迷信一点关系都没有。因为天其实就是你的寿命，就是你的任期，说难听一点就是这样，这叫局限性。

我们现在太急躁，为什么急躁？因为想抢功劳。实际上，功劳是不存在的。作为一个中国人，千万记住这四个字：功没过存。你的功劳再大，有天那么大，后代子孙也会把你忘光光。一家公司，你是创办人，你当初花多少力气，有多少功劳，不用十年，没有人会记得。人家会把你的功劳一笔勾销，但是你的过失永远存在。我讲这句话是长期考察的结果，人家只记得你的过错，不会记得你的功劳。所以，中国人才会告诉你：不求有功，但求无过。听起来觉得好像有点消极，实际上这才是智慧。做任何事情，千万记住，不要犯错误，有没有功劳可以不管，因为那是别人认定的，不是自己说了算。功劳永远是别人认定，自己说了不算。

功劳是让出来的。今天的人都以为可以抢到功劳，千万记住：功劳是让出来的。这样我们才知道，为什么每一次开会，我们都不敢说“这是我努力的成果”。西方人就是这样讲，但是我们中国人不这样讲，我们都说：“这一次，我们能有这么一点点的成就，完全是上级领导的功劳。”你把功劳给他，他多少会分一点点给你。你说：“这次是我费尽苦心，才把事情做好。”上面的人会说："你是很尽心尽力，没有错，但是你的效果不是很好。做人要谦虚一点，不要那么自满自大！"

不跟领导抢功劳，这还不是聪明的人，聪明的人是把所有的功劳送给领导。所以，很多人说中国人拍马屁，我觉得那是看得太粗浅了。什么拍马屁？一个人升迁得快，就是他有这个绝招——我所做的事情，我没有一点功劳，我的功劳都是领导的。领导有很多功劳以后，就会升上去，领导一升上去，他第一个念头就是把你拉起来。因为没有你，他下次就没有功劳了。中国人看得很长远，这就是孔子说的"无见小利"。

过错是抢出来的，只要有任何过失，你都要勇敢地站出来说"这是我的错"，只要你说是你的错，你的老板就会说："不见得是你的错，大家都有错。"只要你一推脱："这不是我的错……"所有的人都会说："就是你的错，还有谁的错？"可是今天的人刚好相反，都想错了。

再说一遍，功劳是让出来的，过失是抢出来的。大家都错，过错自然水落石出，是谁的错，明明白白；但是点到为止，不要明说，撕破脸以后，就没有挽救的机会了。

二、欲速不达，不可求全

有人问孔子："怎么去从政？怎么去施政？"孔子说："无欲速，无见小利。欲速则不达，见小利则大事不成。"

所以，从政、施政的第一个原则：无欲速。我们现在的人没有记住孔子的话，孔子告诉我们不能求快，可是我们现在一天到晚就是快、快、快……因为欲速则不达，“求快”的问题一旦制造出来，是很难解决的。慢慢来，每一个基础都打得很稳，就很少会有后遗症。只要求快，后遗症会一个一个凸显，你要去改善、去补救，甚至说难听一点，你要去补偿，那花费更大。

第二个原则：不见小利。不要只看到小小的利益。我想现在说这个话，大家应该都能够了解。有些地区早发达，那时候认为赚了好几个亿，很了不起，现在才很后悔，花五十倍一百倍，想来弥补，想来修复，想恢复当年的原状都做不到了。破坏是容易的，修复是很难的。当年就是为了小利，我们不能怪任何人，因为“时也，命也”。那时候没经验，就只能那样想，现在我们都是事后诸葛亮，所以我们不能批评以前的人，只能从现在开始，千万记住“无欲速”，不要上当，以为什么都是快了好。“不见小利”，要求取正利，求取大利，那就要慢慢地一步一步向前走，朝向一个长远的目标。

> 从政、施政的原则：第一个，无欲速；第二个，不见小利。
>
> ——曾仕强《为政之道》

从政、施政的原则：第一个，无欲速；第二个，不见小利。

很多人看《水浒传》，对宋江很不理解，明明已经把那个大坏蛋高俅逮到了，所有人都说“杀”，只有宋江说“不能杀”。“不能杀”是有智慧的，说杀的人只是有知识。美国人就是没有看过《水浒传》，所以一抓到本·拉登就说“杀”，结果后患无穷。美国人如果看过《水浒传》，抓到本·拉登以后，直接就送到安理会——你们去决定，我只是抓而已，没有杀他，这样就可以化解很多问题。我们现在的人，太急躁、太肤浅，看不到那个真正的、深层的事情，所以总以为自己对。这是我非常担心的一点。

美国种种的问题是什么原因造成的？第一，没有历史的根底；第二，年轻化——我绝对没有反对年轻人，我只是劝年轻人，搞科技还差不多，搞文史哲，还差很远。你说搞技术，那当然年轻人好，手脚灵敏。老头子还去搞技术，那也太没有出息了。我是学工的，学工的目标就是随着年龄的增大，越来越远离现场。我现在这个年纪还搞车床，那是干什么？不管什么事情，要先把层次搞清楚，自然会看得很明白。该用年轻人的，就要用年轻人；该尊重年纪大的，你不听话就倒霉。

如果杀了高俅，水泊梁山一百零八条好汉没有一个能活，因为所有的那帮奸臣贪官都会团结在一起，想办法把他们除掉。网上有很多帖子说宋江怎么样，这就是民主的缺点。我讲得很清楚，言论自由所造成的恶果，就是没有公义，没有是非。因为越不懂的人越理直气壮：“就是这样。”懂得越多的人，越不敢随便说是怎么样的。这个道理就很清楚了。

其实，人怎样活得有价值或者活得没有价值，这些都不是真正的意思。真正的意思一句话就讲完了：人只要活着，就有价值。怎么没有价值？哪个人没有价值？乞丐没有价值吗？如果全世界都没有乞丐的话，小孩子就不知道不努力会沦落到那个地步。乞丐就是一个很好的反面教材，他的贡献就在这里。

每次只要有灾难，死掉的那些人，我都称他们为菩萨。凡是死掉的人都是菩萨，这是中国人“人死为大”的一种概念。一个人从楼上跳下来，你会不会说他该死？不会。说他了不起，为什么？因为他用宝贵的生命来告诉所有的人：高楼是不能跳的，一跳就成这个样子。这是他的贡献。

任何灾难一发生，死的人用他最宝贵的生命来告诉我们有这种灾难，否则怎么理解中国人“人死为大”的概念？那死个乞丐算什么呢？不可以这样想。

“天生我材必有用”，这个“用”是老天认定的，不是人类认定的，只是现在人类太狂妄了。每一个人，只要活着，只要有一口气，就有价值。为什么？因为他是不可取代的。你愿意哪个人取代你吗？你愿意拿你的儿子跟其他人交换吗？每一个人，只要他活着，用英文来讲就是“unique”（唯一）。所以儒家讲“慎独”，就是你独特的一种个性，不管好坏，都有个人的指标意义。每个人都需要给你最起码的人格尊重，这才是真正的人权。

教育要不要全？答案是：人不可以求全。但是安全不是全部，所以中国人一方面很怕死，另一方面很勇敢，这就是一阴一阳之谓道。你不该死的时候，就要怕死，不可以勇敢；你该死的时候，就不能怕死，就要勇敢。这样就对了。很多人都说中国人不团结，我就觉得奇怪，你怎么知道中国人不团结？没有外面人欺负我们，我们当然不团结，每一家有每一家的想法；但是只要外面人侵略我们，我们比谁都团结。本来就应该这样。我们现在看事情，脑筋本身不周密，高度就不够，深度就很浅，然后又喜欢随便说，这才是我们当前非常麻烦的事情。

人是无法求全的，天道忌满，人道忌全。老天只做一件事情，水多了是不是？它就分一点给少的。这边地势高是不是？它就让水往低处流。人道忌全，乾隆皇帝号称“十全老人”，真的吗？做不到，他死了之后尸体就不全了。什么便宜你都占到了，那很简单了，你总要死的，你死了就有人挖你的墓，鞭你的尸。谁找的？自己找的。什么时候把《易经》道理都弄懂了，自然就知道怎么去安身立命，怎么去安排自己的生活，而不受任何人的影响。因为每一个人都是爱怎么说就怎么说，那是他的事，你也管不了的，你为什么要听呢？可是你怎么可以不听呢？这样就对了。

三、正心养心，提升品质

我们当前重要的一件事是提升品质，那种打混战的，那种以次充好的，那些赶忙做表面文章、做面子工程的，都已经过时了。金融风暴最大的好处，就是让我们开始重视钱是来之不易却去之很快的东西，要好好珍惜每一元钱，把它放在最有用的地方，因此不做则已，一做就要重视品质。

现在为什么品质差？根源在哪里？我不是老说美国人坏，实际上都是美国人造出来的。我在欧洲很多国家，他们都一直跟我讲：都是美国人搞出来的花样。美国的花样叫什么？叫作“一次性”。这个“一次性”的观点一进来，就不会做长远打算了。你怎么会做长远打算？吃饭要吃快餐，快餐有什么好吃的？什么东西都要快、快、快，快就是乱嘛！快，品质怎么会好呢？

你到瑞士去看看，凡是做名表的人，没有一个是年轻人。我去了以后觉得很奇怪，那个匠人头发都白了，眼睛也花了，他在做最贵的表。我问："你没有培养年轻人吗？"他说："有，不行。"我问："为什么？"他说："经验不够。"世界上最快的飞机，绝对不会让年轻人开，一定是老先生开的。因为飞机本来就飞得很快，年轻人再快，那就不知道要到哪里去了。

品质是要一步一步、小心翼翼、一点一滴考虑周到才能实现的，工程有它必需的过程。我不是说现在，而是说长期以来，中国人有一个偏差，就是老喜欢拿工程配合我们的节日。工程怎么能配合节日呢？这条高速公路该什么时候完工，就是什么时候完工，但是在我们这里就不行，要赶快，要配合节日完成。大红的条幅都已经张贴出来，到时候不能完成，那怎么行！大家不觉得这很可笑吗？但是我们几百年都是这样子。其实有一点我是清楚的，越是限期完工，对承包的人越是有利。为什么？我是商人，最有办法对付这种事情，我最怕你不跟我限期完工。你一限期完工，我就开始跟你拖，跟你磨，然后告诉你，没办法，来不及了。你一急，我就说加钱，你就得乖乖加了。然后我就偷工减料，到时候再做做表面工程。

官员很少有图利商人的动机，但是最后的所作所为，经常都是图利商人。这是经常可以看到的现象，比如有的地面水泥很容易干，有的地面水泥根本不容易干。以前，在北京，路面上铺水泥，上面是要盖棉被的，因为不盖棉被很难干。怎么可以一概而论？凡是越快速的东西，越是丢得快。工业品能够保存多久？很难保持，但是工艺品却可以保持很久。这样我们就知道了，以前我们买一个桌子，是准备三代四代祖孙都用的，所以很牢固。现在不是，反正很快就丢了，也不珍惜，于是制造太多的垃圾。这个一次性的观念害死多少人！但是我们现在都说一次性、一次性……其实免洗筷子是有毒的东西。牙签是不能用的，因为制造的过程污染太大，毒性太高。可是每个人都很盲目，反正别人都在用，我怕什么？于是就用了。任何擦手的纸，其实是有毒的，你又拿来擦嘴唇，那更糟糕，擦脸尤其糟糕！为了满足大家方便的要求，就不考虑品质，里面掺了很多东西，那是非常可怕的。

我再说一遍，凡是食品，保存期越长的越可怕，但是现在大家都拼命找那个保质期长的。它怎么可能保持那么长呢？我们应该有这种想法。可是保质期短的不见得是真的，他把快到期的拿回去重新换个包装，然后日期又延长一个月，这种事情太容易做了。品质来自什么？不是来自技术，而是来自良心，可是现在没有人相信良心，所以搞得我们没有一样东西可以相信。

很多人都跟我谈，说我们现在有信仰危机。我说："你错了，中国人从来没有信仰危机，只有信任危机！"我们不信任任何人。你信任谁？你会感觉到你相信谁，谁就开始骗你，你只要相信他，他就开始骗你。

我们哪里有信仰危机？我们是把信仰忘记了！中华民族自古以来只有一个信仰，就是道德，就是良心，叫作"天良"，天理良心是一条线。你问："天理何在？"就是你良心不见了，你怎么还敢说"天理何在"？很多人说"天理何在"，就是不知道孔夫子老早告诉我们，不要怨天，怨天没有用。天理何在？良心跑到背后去了，拉回来就好了，所以要正心，心要正。我们现在所需要的就是正心而已，把良心找回来，恢复这一道黄线，叫作人人心中有一把尺。你这把尺歪掉了，自己调就好了。要调心、养心、正心，然后凭良心，品质问题就解决了，其他都不是办法。

有一句话，大家一定要记住，这是对每个人都有用的："可怜之人，必有可恨之处。"就是你自己太可恶了，你骗自己，然后又来骗别人。我们千万要记住，一个人最要紧的是自爱，不是爱人。我们现在都喜欢讲要爱人，你凭什么去爱人？空口说白话而已。你把钱拿出来给他吗？你又舍不得。吃东西，把好吃的分给他吗？西方老讲爱人，最后变成一个形式，变成一个口头禅。中国人告诉你，要自爱，自爱的人不会侵犯别人，自爱的人不会让别人难受，自爱的人不会老想得到人家的便宜。中国人常说，贪小便宜吃大亏。可怕的就是贪了小便宜，最后造成大祸患。

第十章

决策透明，不徇私情

这一节，我们要谈谈大家现在最热衷的，叫作“公开”，也就是决策要透明化。能不能决策公开？你当总经理，敢不敢公开公司的策略？这样一说，基本上大家就心知肚明了。

一、秘密展开调研

长久以来，我们一直把三个词语连在一起说，叫“公正、公开、公平”。有没有错，要看你用什么思维。如果你懂得《易经》，用《易经》的思维来看，它就没有错，因为《易经》的思维告诉我们，“公正”就是不可能完全公平，才叫公正。如果公平就讲公平就好，干吗讲公正呢？“公正”的意思就是无法公平，只能公正。“公开”就是应该公开的绝对公开，不应该公开的，谁都不能告诉。

现在做学问的人常说：“我是做的一个系统。”那是很好笑的。你把可以了解的部分拿出来，其他的都割舍掉，这叫系统？当然不是系统。系统是完整的，怎么可以割成一段一段的呢？现在都是割掉一小段，叫“专业”，结果就是制造了一大堆问题，让别人去承担。没有一个系统是完整的，所以才叫“专业”。现在所谓的公开，就是把能够让大家看的拿出来，其他的都放在桌子底下。世界上没有一件事情是完全公开的，要不然为什么会有解密呢？比如维基解密，就几乎弄得全世界大乱。一解密才知道，原来这些人讲的全是假的，我们有秘密文件，怎么会没有呢？

所以你如果懂《易经》，当你听到“公正”的时候，你会知道，不是很公正才叫公正；听到“公开”，你就知道，有一部分是不能公开的，所以只有这部分才叫公开；“公平”更妙，就是不公平才是真正的公平，公平就不是真正的公平。可惜现在这种思维，大家都没有了，都受西方影响，认为公正就是不能不公正，哪有这种事情？公平就是不能不公平，这样谁也做不到。

有十个人，端了十个苹果上来，每个人选一个，怎么选？伸手一抓就后悔，因为抓到手上的都是小的，剩下的都是大的。照理说，人的眼睛看东西应该是近的显大，远的显小，可是当你抓过来后就觉得变了，糟糕，早知道就抓那个，怎么抓这个？

每一个人都有主见，都有成见，这是没有办法改变的。我们为什么站在这边，看到那一山高？为什么在这里老叫苦，老觉得别人拣便宜？其实行行都有苦衷，家家有本难念的经，每一个人都有他说不出来的痛苦。坐着的人看站着的人，说：“你好舒服，我坐得好累。”可是站着的人说：“你坐得好舒服，我站得好累。”一句话就讲完了：只要心不平，一切都是不平；只要心平，一切都是平的。这绝对不是唯心论，很多人一听到这个便认为是唯心论，不是，这个跟唯心论一点关系都没有。真正的唯心论是不否定物质的，没有哪个思想家会去否定物质。“唯”不是解释成“唯一”，而是个先后问题：先有心，后有物，就叫唯心论；先有物，后有心，就叫唯物论。有哪个人会否定物质的存在？没有。在哲学上唯物和唯心是先后的问题，不是“唯一”的那种解释。

我们做调研的时候，一定要秘密进行，谁敢调研的时候就公开？谁敢？比如济南要往哪里发展，只要风声一出去，就有人开始炒地皮，里面就开始搞得莫名其妙，派系就斗争了，这是不是事实？为什么很多人对领导的司机特别客气？就是要从他那里打听消息。有些人很奇怪的，坐在车上，他会跟你讲：“现在只有我们两个人，没有其他人。”司机不是人吗？那些人常常把司机当作空气，不当作“人”，很奇怪！两个人坐在后面，一个人说：“只有你我知道，我告诉你……”前面那个人都听到了，怎么可能只有你们两个知道？

现在都搞形式化，哪还有什么酒文化！他在半醉半醒之间就告诉你：“我们这一区要废掉，要把那一区变成新的。然后回过来，这里再改造。”知道这个消息，你自然会去那边圈地，然后搞这个搞那个。只要一个风声出去，说这块地政府要征用，你会怎么样？现在已经有很多人做了：连夜盖房子，连夜种树木……没有人不聪明，他一想就知道，你要征收他这块地，将来是要按平方米算的，所以他就在上面多盖几层，根本不能住的，就是临时地搭一搭。照正常的道理，要征收的时候，要拆迁的时候，就应该不再修了，因为修了也没有用，到最后也都是要拆掉的，但是现在的人都不是那种想法了。我到一个地方，看到那个地方破破烂烂，可是外面堆了很多砖头，我就知道这个地方要拆迁了。这就是因为走漏了风声，一听说这里要拆迁，他马上去买砖头来。当然，他也不会动作太快。中国人的“时”掌握得很好，等你那边事情快成了，他就开始堆起来，就是要更多补偿的钱。你的策略是什么？就是先说动一两户，多算一点钱给他，他就领头，然后大家跟着他一起签。老百姓会不会往坏的地方想？当然会。中国人懂得举一反三，你跟他来这套没有用——谁先动，大家就知道他一定得到好处了，不得到好处他会做？大家都懂的。

每个人都有主见，都有成见，这是没有办法改变的，所以做调研一定要秘密进行。

我不反对用任何方法，但是一定要正。比如说这一区有一百户，要他们集体行动是不可能的，就算平常邻里相处得很好，到时候也都是各有各的想法。怎么办？这时候你就要注意到人情。我讲的人情是合理的，只要是合理的人情，都是正当的，怕的是不合理的人情。谁来要挟我，我不理，但是我会找特别需要我补助，而且平常贡献很多的人，我会特别跟他说：“因为你平常贡献很大，不是对我，是对整体，所以我现在特别给你一些钱，你就先搬。”他就认为可以啊，为什么不可以？

任何方法都有正、邪，就在一念之差。你当总经理，对所有人都一视同仁，到最后你就是孤家寡人一个。你必须要有几个心腹知己，他们才会跟你通风报信，到了紧急的时候，你才会有几个手脚可以用。你老把这个想到坏里去，那么什么事都不能做了。这就是“水清无鱼”的道理——水太清了，连鱼都养不活。但是这当中你的分寸要拿捏好，要“公”跟“正”，这两个字要做到。如果你接受威胁、利诱，或者徇私舞弊的话，最后都不会有好结果，利益团体会马上介入，各种奇形古怪的东西都会出来，甚至地方派系会斗得非常激烈。

我顺便把派系说一下。有人就一定有派系，哪怕是一家公司，也是分派的。我们看中国历史，历朝历代永远有两派，一派叫保皇党，他们永远是正心的，心中有一个信念，就是不管皇帝怎么做，他们一定都是有目的的；一派就是反对党。这两派永远存在，全世界都一样。我们现在一定要记住：只要有什么风吹草动，所有问题马上都出来了，所以调研一定要秘密地进行。但是要找到能够守秘密的这个人，太难了。很多人招摇撞骗就是靠这个：我有特殊渠道，我得到了最新消息，你现在赶快动，你不能动就找你亲戚来动……那当然天下大乱了！这就是平常要培养几个可以信赖的人的原因。你要他为你绝对保密，你平常就要多照顾他，这才合理。你偏偏要求他，他干吗听你的？他有点小利益为什么不拿？

二、闭门仔细商量

初步调研以后，要闭门商量，哪里有开会还请记者进来的？他马上会给你报道出去。一个不成熟的意见，一旦报道出去以后，就会引起各方的议论，你是听还是不听？是接受还是不接受？要不要改？你把自己弄得不上不下，岂不是自讨苦吃？

中国的皇帝只做三件事，其他似乎都不管。

第一件，祭祀。或者到泰山去，或者到天坛去。为什么北京有一个天坛？要知道，那就是泰山的代表。皇帝不去祭泰山，这皇帝怎么当？可是皇帝远在北京，要跑那么远，又没有飞机，没有火车，舟车劳顿，他就会偷懒，所以就造一个天坛，在天坛祭，就等于到泰山去祭一样。祭祀是历代皇帝必做的事情，他是在干什么？他在告诉大家："我只是天的代言人，所有一切都是天道自然的规律。"这就很清楚了，要不然他怎么叫天子呢？

第二件，要不要打仗。要不要打仗，除了皇帝，没有人有权力可以决定，因为那太危险了。他们几个大臣就决定要打仗，那皇帝做什么？等于架空了。一直到今天，军事的"权"跟行政的"权"，其实都是分开的，可以兼，但是这两个权力是分开的。

第三件，说起来很好笑，就是大量地生小孩。我们总觉得皇帝怎么搞的，三宫六院那么多人干什么？你不知道，那是他重要的工作。为什么皇帝生那么多小孩？三个字就讲完了：不够杀！不够人家杀，生多少杀多少，杀到最后找不到继承人了。

孙权当了那么久的皇帝，他糊涂到什么地步？他糊涂到让太子跟其他的兄弟住在一起，那注定太子要死掉。太子叫"东宫"，一旦定为太子，就要单独住在东宫，与其他兄弟都要隔离，为什么？因为不隔离的话，其他兄弟一定会把他毒死。把太子毒死，大家就有希望了，否则他永远是太子，皇帝的那些儿子们就永远没有希望。读历史，不是记过去的名字，不是读那些过去的故事，而是要读出道理来。

大家想想看，如果皇帝什么都管，那他干脆不当好了，那么累干什么？皇帝要做的，就是让每件事都有人负责。皇帝很少说处死一个人，一般都是打入天牢，然后派几个人去审。你们要他死是你们的事，你们要害他也是你们的事，但是最后要经过他同意。最高领导人拥有一个权，叫“最后裁决权”。最后裁决权在皇帝手里，但过程可以放手让大臣们去搞，所以最重要的就是宰相了。只要宰相一说，皇帝高兴，就可以留命一条；皇帝不高兴，那就是推出午门斩首示众。所以为官，尤其是一人之下万人之上的宰相，不管是言语还是行动，都要很谨慎。

很多人只看到中国历史坏的一面，却没有想到它也有好的一面。大家都知道朱元璋长得不好看，可是为什么他的画像流传下来的有好看的也有不好看的？那段过程我们应该去了解了解。朱元璋长得不好看，但是当皇帝了，总要给后人留下一幅画像，让自己的光辉形象流传久远，所以他找人来画像。先找来的一个画师很老实地把他画得很丑，因为他本来就很丑嘛。画像被呈上去，朱元璋只讲了一句话：“我真的长得这么丑吗？推出去斩！”斩掉了。再找一个画师来画，那个人当然提心吊胆，心里想：“前面那个人画得那么像，所以命没有了，我怎么办？前车之鉴啊！”于是他就把朱元璋画得很漂亮，然后呈上去。朱元璋看过之后，觉得那根本不是自己，非常恼怒：“我长得有这么漂亮吗？斩！”又被斩了。

如果你是第三个画家，你会怎么办？第三个画师一看，心里想：“糟糕了！画得很像没命了，画得不像也没命，那我怎么办？我就画得好像很像，又好像不像。”结果朱元璋很满意：“这还差不多！”这样，第三个画师就有了生路。

直到现在，还是有一张比较难看的朱元璋画像流传下来，我们暂且就认为这个是朱元璋真正的样貌。这个画像是第一个人画的吗？不是，第一个人画的当场就毁掉了。当然也不是第二个人画的，是第三个人画的。他留着命回来以后，越想越不对：“我这样做，对后代子孙怎么交代？你叫我画，我不得已画成这样子，我人格跑哪里去了？”所以他把门关起来，画一张很像很像的，然后把它传下来，一直流传到现在，让我们还能够知道朱元璋到底长什么样子。

中国人有特有的生活智慧，不早点学就太可惜了，真遇到事情的时候，就不知道怎么办了。凡是两边的门，其实都不能走，永远有第三条路可以走。现在人们就是不了解第三条路在哪里，才搞得这么惨。第三条路叫作“中庸之道”，中庸之道不是不走极端。很多人都认为中庸之道就是说中国人不走极端，千万不要上当，为什么不走极端？该极端就得极端！孟子说：虽然千万人在那里等我，但是我该去的还是要去，我怕谁？这还不极端吗？“中庸”就是合理，我们走合理的途径，但是千万记住，理是变动的。为什么中国人老想脚踏两只船，摇摆不定？它有它的道理，要吸取其中的奥妙，而不是把它推掉，推掉就是自绝于智慧之门。

三、结果适当公开

调研商量的结果要公开，但是公开也不是好办法。《大学》里有这么一段话：“是故君子有大道，必忠信以得之，骄泰以失之。”君子是有一条大路可以走的，忠心耿耿，守信用，自然就会走上大道。君子坦荡荡，因为心很正，很守信用。“信”就是“人”字旁加一个“言”字，意思是讲话像个人讲的话，就叫信。只要一“骄”一“泰”，就完了。为什么“泰”会完了呢？“泰”不是最好的吗？“泰”是什么意思？就是自大、放肆。中国人骂人“放肆”，放肆就是不守分。讲话该讲到什么程度，就只能讲到什么程度，稍微一过就叫放肆。

领导进来，他要坐在哪里，他自己选，你没有权力要他坐在哪里。我们现在都不是：一切听我的安排。为什么要听我的安排？这个人是非常有声望的人，我让他坐那里，我居下位，我不在乎，表示我礼贤下士；但是现在的人都没有这样了，我们后代都把这些礼变成形式化，一形式化就僵化，僵化就完全没有意义了。

说句实在话，我们的酒文化是应该调整的。现在都是主陪一开始就说：“我要敬你三杯酒。”完全是按照形式来做，不是内心要敬的，根本不敬酒就好了。你要敬就敬，却先说：“这是第一杯，先不要喝。你少安毋躁，等我典礼完成才可以吃东西……”说这些干吗？这完全改变了原来的用意。任何事情一旦形式化以后，它就僵化，僵化以后就毫无价值。有些地方敬酒是你喝我不喝，那算什么敬酒？“我斟酒给你，你喝”，为什么会这样？我表示敬意，所以我不喝。这是什么原因？因为当年都很穷，家里只有这么一点点酒，如果我敬你，我也喝，甚至我先干为敬，那客人就会想：“你家有那么多酒吗？你是不是好久没有喝了？见我来就猛喝，那我想喝不就没有了吗？”所以，当你家里有足够多的酒的时候，你就应该改变："喝！我陪你，我先干为敬。"这表示没有毒。你现在斟酒给他喝，把他毒死了怎么办？那他可能就会很犹豫到底要不要喝：为什么你自己不敢喝？为什么一定要我喝？然后他就趁你不注意往后面一倒——都是你逼他的嘛！

现在在火车上，甚至在飞机上，你拿个糖果给隔壁吃，他敢吃吗？现在请人家吃东西，要改变方式。我把东西拿起来，这样摇来摇去，就是告诉大家这是原封未动的。但是原封未动也不保险，要拆开来，自己先吃一片。过了五分钟，给他饼干，他一定吃的，因为五分钟毒就发了，你还没有死，就表示没有毒，于是他就敢吃了。这才叫作"将心比心"。到现在还随便拿食物给人家吃，就是没有与时俱进。

我们做任何事情，要追根究底。你说："我审判很公正，我司法很公正。"有没有用？孔子说：没有用。孔子这个话，后来达摩也说过。达摩到中国时已经一百多岁，他说："佛祖是从西往东走，我就偏从东往西走。"所以他一下子就跑到广州，从广州再到南京。梁武帝很高兴，就请他。其实中国佛教吃斋什么的，都是梁武帝搞的鬼。佛教徒为什么要吃斋？你去印度看看早期佛教徒有没有吃斋？你去日本看看佛教徒有没有吃斋？日本信佛教，照样吃生鱼片，他才不管你！你想想看，刚开始佛教是托钵，僧侣拿个钵到人家那里去要饭吃，跟人家说："我吃斋，只能素的，而且要纯素，有一点荤我都不能吃。"能这样说吗？不能吃活该饿死！这样想你就可以想通了，哪里什么和尚一定要吃斋呢？梁武帝搞的吃斋，不许讨老婆，建很多寺庙。他很高兴，就问达摩："我做了这么多好事，我有功德吗？"达摩当头棒喝："毫无功德。"

子曰："听讼，吾犹人也。必也使无讼乎！"听讼，我跟别人一样有能力，但是"必也使无讼乎"。没有人打官司，才是真正的亲民。打官司赢的人也是输，输的人更是输，没有一个赢的。我只讲一点就好了，打官司是有办法的人去告没有办法的人，还是没有办法的人去告有办法的人？我问你："有办法的人，有必要去告没有办法的人吗？"没有必要嘛，他吓就把你吓死了，还用去告你？进法院，都是那些没有办法的人，去告有办法的人。你没有办法，去告有办法的人，告得赢吗？告不赢！所以很多事你一想就通了。

但是我们现在都很相信知识，觉得一切要靠法律诉讼才能找到公道，就造成了很多律师、法官从中获得好处。其实我有很多律师朋友，个别的会跟我讲真话，但是这些真话很多人是听不进去的。他说："我当律师，谁输谁赢不是一样？而且最好就是让他赢一次，输一次，再赢一次，再输一次，那我就可以拿到钱了。他一次就赢了，那我只能拿一次的钱，所以第二次我让对方赢。"

我们当下属的，职责在哪里？四个字讲完了：分忧分劳。今天很多下属根本就不知道职责在哪里。职责第一条：为你的顶头上司分忧分劳。你把他累死了，其实你是良心不安的。一个下属，把老板累死了，又投奔一个老板，又把他累死了，接二连三累死老板，就没有人敢用你了。分忧分劳是什么意思？就是你要站在他的立场来思考问题。你可以做的事情能去做吗？去做，你就把他架空了，那他就是做假的，你才是玩真的。碰到任何事情，当下属的人，要先到现场去看一看，听听大家的意见，综合研判一下，然后提出个腹案，才去找老板，说：现在这件事情原来怎么样，现在怎么样，已经到了什么地步，最后要怎么决定，你看这样可以不可以？

不可以请示，不可以自己做决定！下属向老板请示，就是把责任推给老板，那样太没有良心了。下属不请示就擅自做主，那太蛮横了，你目中还有老板存在吗？可见，这两条路都是死路一条。懂得《易经》的人就走第三条路：我了解一次状况，我有“腹案”。腹案就是只能放在肚子里面，不能说出来。我贡献给我的老板，把功劳都归给他，让他做最后决定。老板只要有一个最后的裁决权，就什么都不怕。老板最怕的就是下属大小都请示，最后把老板累得半死。老板最害怕的也是下属都擅自做主张，导致自己也是死路一条。

你们听到这里就知道，这些跟西方讲的是完全不一样的东西。西方人要授权、要分层，权责要合一。讲得多么好听，但是死的人都不知道自己怎么死的。我们真的要有担当，但是担当是最后的表现，我们把它综合起来：做任何事情，一开始就叫“起心动念”。起心动念的时候不一定成熟，一起心动念你就公开出来，那好了，大家议论纷纷，网上马上一大堆意见，搞得你不知道怎么做才好。有任务，起心动念，交代几个可靠的人先去了解

> 在中国社会，讨论的时候是各为其主，商量的时候才是开放心胸，所以讨论在中国社会是没有办法获得结果的。
>
> ——曾仕强《为政之道》

一下，但要保密。回来觉得不行，再找别的案子；差不多可以了，就关起门来好好商量。为什么要商量不用讨论？因为在中国社会里，讨论是没有办法获得结果的。讨论的时候是各为其主，商量的时候是开放心胸，这是完全不同的心态。商量的时候老板不说话，老板不能说话，一说话就无法商量——你们怎么讲，我都不置可否，永远不让你猜到我是赞成谁的，大家才敢畅所欲言。讲到最后，集体做决定，不是老板做决定，不要老想把责任都推给老板一个人。老板的担当是表现在决定以后，谁跟他讲他都不理，那是他的担当。因为既然那么仔细，那么缜密，而且那么集思广益才得出的结果，还摇摆什么呢？因为我们最后都是看到领导发话，所以一直都说中国人的事是由上往下的，其实错了，中国人一切事情都是由下往上的。

第十一章

选贤举能，后继有人

不管是当官，还是经营公司，最要紧的还是接班人的问题。只要接班人不是你自己的人，那就惨了。你今天任期一满，第二天他就开始挖你的旧案，把你做过的案子整个掀出来，就开始丑化你，最后甚至“鞭尸”。你能怪他吗？我们现在都是要新嘛，新的就是把旧的搞掉，所以我来接任，第一个，我看他搞了一半的建筑，就说：“不行，结构不行，地点不合格，要毁掉，重盖一个。”我要有自己的功绩，我干吗继承你的功绩，我又不是你的尾巴！这样的事情屡见不鲜。这一节，我们就来说说接班人的问题。

一、如何选择接班人

我们中华民族的历史，悠悠上下五千年，可以说全世界的事情，我们都经历过，都尝试过。现代西方人重视能力本位，我们早在清朝的时候就已经想到这个问题，因为清军入关第一个就想到汉人选太子的问题，叫作立长不立幼，长子优先。清廷说这不好，这个完全是链子序列，因为谁也不能保证太子一定是皇帝所有的儿子里面最有智慧的、最聪明的、最能干的。甚至于讲难听一点的话，万一长子的智商不高，还要立他当太子吗？这样一说振振有词，所以清廷就改变策略：不管是不是长子，要选最优秀的人。这就是能力本位，但是结果怎么样？当清朝皇帝的儿子是天底下最倒霉的，因为杀来杀去，杀到最后只留一个，那就是太子——准天子。

汉人传长不传幼，固然有一定的缺点，但是最起码长幼有序，从各方面来说，都是比较保险的。而且，一个人在年轻的时候生小孩，比年纪大以后生小孩，遗传基因是要健全些的。现在我们老觉得高龄产妇不安全，其实也含有晚生的小孩子自身的资质会比较差的一个因素在内。

任何事情都有利有弊。我们现在就算是一个企业，领导要不要退位？当然你可以做到死。可是做到死表示什么？表示你终身劳碌，表示你放不下，最后就表示你想不开。做到差不多了，你就传下去，有什么不好呢？而且越早传，你还可以观望一段时间。万一等到真的不行了，才传给后人，连最后指点一下后人的机会都没有了，那岂不是更后悔？我们看孙策就好了，孙策英年早逝，那时候孙权才一点点大，孙策临终要传位给孙权的时候，孙权就哭：你叫我怎么办呢？我什么都不懂。其实那是令人很伤感的，到了最后才迫不得已传位给人家，这就是无奈。所以一个人什么时候传位给下边的人，应该有自己的规划。

但是更重要的是传给谁，很多人就问："为什么一定要传给儿子呢？传给别人不可以？"现在有些企业家公开说："我是传贤不传子。"我听了都觉得很好笑，你这么说，就是向全世界宣布："我的儿子没有出息。"那当你儿子不是很倒霉吗？你干吗为了标榜自己而伤害自己的家人呢？

看看日本，日本是从我们唐朝开始，才来学了一些文明回去的。他们家产的分法比我们还厉害，一个人有五个儿子，家产只有老大有份，老二、老三、老四、老五统统没份。为什么？他们的想法更绝：我辛苦一辈子才挣下一点点财产，如果平均分给五个儿子，每个人都太少了，等于没有了，太薄弱了，与其这样，不如都传给长子，老二、老三、老四、老五就出去，自己到外面去打拼。

如果没有儿子怎么办？会传给女儿吗？不会。这不是重男轻女的问题，而是如果传给女儿，那个女儿就嫁不出去了。如果能嫁出去，就是嫁给贪财的人了，那更可怕了！谁都知道你家有很多的财产，你又是继承人，他就拼命追求你，把你捧得很高，等他混进来以后，把他全家人都带进来，最后把你所有的都抢掉了。所以他不传给女儿，直接传给女婿，就表示这个女婿是他看得很清楚的。

如果没有儿子也没有女儿怎么办？他不要传了？当然要传，他会找一个人，但是有一个条件：你要拜我当义父，我收你当义子，我就传给你。这个跟我们想象的自私自利没有关系。我们从道理来看，一个接班人，除非跟你有特殊关系，否则他一定把你整个推翻掉，这样他才有创新，才有新的功劳，才有新的表现。所以，总经理一卸任，新来的人一定想尽办法要跟前面的人不一样，这些都是人之常情，我们都不能怪他。

我现在请问大家，我们站在客户的立场，我们一般都是喜欢吃哪一个牌子的酱油，就始终吃那个牌子的，这是什么道理？因为我们的胃口会成习惯，不是那个酱油不好，而是跟我不对口味。顾客希望你的品质始终维持，而不是经常变动，所以你的政策一定要有延续性，不能够换一个人政策就改一下，否则大家就没有办法适应。服务要能够长期地维持，而不是突发地，高兴起来我把你捧上天，然后就翻脸不认人。

其实我自己的经验是最清楚的，因为我大江南北都跑过，各色的人我都接触过。凡是邀请我的人，去的时候，他都是非常热忱，尤其是讲课那一天，他一分一秒都不会迟到，而且是提前到。可是只要今天讲课讲完了，第二天他就翻脸不认人，他就会迟到，他就会爱理不理的，甚至让你回去自己想办法……这些我都碰到过。我就请问你：这样的人你会第二次跟他来往吗？一个人，要有稳定的品质，要有始有终，不能翻脸不认人。可是现在的人都觉得自己没有责任，大家相互之间只有利害关系，既然利用完了，那就一脚踢掉，我管你呢？

我能够活在今天，是因为我懂《易经》，我老早就知道有这种可能性，我会有好几个锦囊妙计，要不然的话还得了。所以，人是在吃尽苦头之后，脑筋自然就灵活了，他自然就会有很多安排，到时候自然知道怎么样才逃得了难关。

所以，你要找什么样的人？第一，能够贯彻你的理想的人，因为你的政策不能让他扭曲、变化、中断，要有一贯的连续性；第二，你要培养那种弹性大的人。弹性很小的人怎么培养？最后是没有用的。他能够随机应变，像个海绵体一样，吸收能力很强，而不是很自满，觉得自己什么都懂，什么都知道，那种人是没有用的。

我们今天老讲有自信，当然要有自信了，比如那些模特最有自信了。我请问你，模特为什么不能笑？为什么表情老要像死人一样呢？她就没有想过这个问题。我们看到所有模特出来，都跟死人一样，其实笑笑又能怎么样呢？有一阵子说模特要薄啊，薄到像纸一样。任何事情不能随机应变，其实都是不妥当的。一个人该瘦的时候要瘦，该胖的时候要胖。比如到我这个年纪就不能太瘦，要稍微胖一点，什么道理？因为老人太瘦，一病就完了，没有支撑力。稍微胖一点，病了，还有一点支撑力，消耗一部分还撑得住。所以，很多事情你说这样对那样对，其实标准答案只有三个字，叫作不一定。

真的没有一样东西是一定的？有一样东西是一定的，就是你要选拔人才，第一条件就要看他有没有“明明德”，这个明明德是基本。什么叫明明德？我们把它具体一下：第一，一件事情对自己有利，对别人也有利，你当然会去做，所以这个条件是不存在的。你看他所做的事情，对自己有利，对别人也有利，那就不算条件了，这个谁都会。第二，对自己有利，对别人有害，做不做？他说这个事情不做。好，再问他：“对你有害，对别人有利，你愿不愿意做？”这是关键。他如果说“我才不做”，这种人怎么当接班人？

接班人的责任就是说，如果真的对大家有利，就算我自己受害，我也心甘情愿去做。为什么？因为我会流芳千古。是否流芳千古就不要命了？你要想到中国人常说的做人不争一时，争千秋。不争一时，因为一时很快就没有了，就算你活120岁，也不过120年，可是后面呢？后代子孙生生世世，那才是千秋。你把千秋跟现世比较一下，如果划不来，你就不要做，白白牺牲，不可以；但如果划得来，那就做了。比如史可法，你说他不能逃吗？不能逃才怪，以前打仗一上马，快马一鞭就跑掉了，跑不掉才怪，可他不跑。他掐指一算：我这次跑了，以后没有这种机会了。哪有这么好的机会？死了，流芳千古，死得其时，死得其所，这是千载难逢的。只要史可法一跑，他就成不了史可法了。

人要懂得如何对自己负责，如何对大家负责，因此我们必须选贤举能，不是选贤与能。一般人都说选贤与能，贤的人真的就能干吗？不见得。贤是贤，能是能，这是两码事。贤，多半是指品德方面的；能，多半是指才干方面的。既贤又能，就是德才兼备。

德才兼备的人太少了，所以我们多半会选有德无才的人。大家听了一定会觉得很奇怪，真的要选无才的人？因为只要有德，他无才我不在乎，我可以培养他。我要培养他品德很难，因为像品德这种事情三岁大概就定了，六岁大概就很难改了。三岁看大，六岁看老，不是看他一生有多少专业知识，那谁也看不出来，而是看他的品德基础。三岁，你就知道这个人长大不会坏到哪里去，六岁，你就知道他

接班人要具备三个条件：一、能够贯彻前任的理想；二、要有较大弹性，懂得随机应变；三、要明白自己的责任。

——曾仕强《为政之道》

想骗人也没有这种功夫，这就够了。至于他会不会画画，那谁知道？选贤举能，选举实际是从这里出来的。

二、亲自培养接班人

接班人是非常危险的人，也是非常重要的人，所以我们每一个人，当你被调动的时候，你都非常关心谁接替你。关心谁接替你，又有什么用？与其到时候去关心谁接替你，不如自己去培养接班人。

我先举两个例子，请大家做参考。第一个案例，我有个朋友在一家公司工作了27年，老板对他很器重，可是始终没有升他的职。有一次我有机会问他的老板："他在这里这么久了，你都不升他，始终让他干这个？"老板说："没有办法呀，他没有培养接班人，我只要升他职，谁接他的班我都不放心，所以只有委屈他，就给我做这个工作。"尤其像会计这种职业，所需要的人不多，所以一个会计主任做得越好，就越不能动，你就永远当会计，老板即使有心要提拔，有心要给你升迁，他都觉得不行，不敢动。这个例子说明，人必须要培养接班人，你的领导才能放心地提拔你做更高的职务，然后你的接班人就能够接上来。

第二个案例，有一个人当了副总，一天，老板很不客气地跟他说："你跟我这么多年，你做了些什么好事情？你自己想想看。"这个副总讲了一大堆，老板说："你讲了这一大堆有什么用？你的责任是替我物色各个部门的接班人，你有没有？你没有做到。"

人才不是挖来的，凡是今天挖得动的人，到你这儿也会很快就被人家挖走，因为他天生就喜欢被人家挖，一说他就心动，有利可图他就走了，这种人可靠吗？不可靠。

人才也不是从学校招来的，不过我也替学校说一句话，因为学校有一点是很无奈的，就是它必须有一点点理想性。学校一定要有理想性，所以学校的教育都很空洞，都很理想化，都跟现实脱节，这是难免的事情，不然怎么样？如果学校里老师训练的是现在可用的，那么等到学生毕业的时候就不管用了，因为社会已经变了。所以，很多人跟我抱怨说："学数学有什么用？我学了那么高深的数学，一辈子没有用过……"我听了这些都很不以为然的，我会告诉他们："学数学不是让你们用的，你们想错了，学数学是训练你们的逻辑思维能力。"谁用得到？什么微积分等，我都学过。我也画过图，画到三更半夜，毕业以后从来没有画出过一张。但是你不能说那没有用，学是一回事，用又是一回事，不能完全结合，完全结合也不对。我们现在应用科学能力还不错，但是基础科学的能力还是很差的，就是因为太重视实用了。我讲到这里，意思就是说，任何事情里面都有很多大大小小的问题，你要深入去了解。

比如我们看《三国演义》，为什么三个领导的后代里面，阿斗最没有用？不是遗传基因不好，刘备是很精明能干的人，基因怎么会差？只是刘备做错了一件事情。孙权很小就掌权，他不怕，为什么？他从小就跟在他父兄的旁边，在战场上跑来跑去。曹操的几个儿子也从小跟在曹操的旁边。只有阿斗，太宝贝了，藏在温室里面……所以人要靠自己带，哪能靠人家培育？一个人一生很大的成就，就是带出三五个可靠的人，那就不得了了！刘备一生的悔恨，其实就是他太保护阿斗，没有把他带在身边，导致阿斗缺乏历练，所以什么事情他都不知道怎么应付，就连诸葛亮在池边观鱼想事情时，他都会跑过去问："你在看鱼吗？"这是多么幼稚啊！诸葛亮怎么会只看鱼呢？诸葛亮什么没有看过，还看鱼？诸葛亮呕心沥血，费尽心思，都是在想天下国家的事情，他怎么会去看鱼？

> 人才不是靠挖来的，也不是从学校招来的，而是自己带出来的，自己培养的。
>
> ——曾仕强《为政之道》

接班人，别人培养的都不适合你这个团体的需要。但是，就算确定他做接班人，也不能太早让他知道，因为太早让他知道，就是活活害死他。其实当领导的要害死一个人，很简单，你就有意无意地跟别人说："那个就是我的接班人。"不用你动手，他很快就死了，不是别人明着把他谋杀，就是暗地里把他毒害，非除之不可。所以很多人说要透明化，提前告诉他是什么，这是不对的。

三、如何培养接班人

当领导的要培养接班人，有三个方面要注意。

第一，人人有机会，个个没希望。人人都有机会，哪个没有机会？但是个个都没希望，这样就对了。你只要说他有希望，那就一定有人害他。人人都有机会，每个人各自表现，我做领导的就冷眼旁观。

第二，我不相信我的眼睛。我所看到的，我不相信。我看到以后，我会去问：是真的假的？当我看到一个人认真的时候，我不会当面鼓励他。其实这就是在说诸葛亮的缺点。

诸葛亮是很完美的人，但他的缺点是什么？他害死了马谡。有人说他挥泪斩马谡，怎么会害死马谡？马谡的确是他害死的。诸葛亮要南征的时候，马谡是跟着他一道走的，马谡老跟在诸葛亮旁边，陪他聊天，讲东讲西，诸葛亮千不该万不该讲了一句话：“知我者，幼常也。”就是说，你马谡虽然年纪轻，但是你最了解我。完了，马谡就觉得我不比诸葛亮差，我比他还强，所以他一到街亭就不听诸葛亮的话，于是就自作主张。最后诸葛亮杀他的时候，为什么要流泪？那就表示说：是我把你害死的，但是我不能不杀你。我们看《三国演义》，真的没有看出里面的血跟肉，都只看到表面的东西，那是没有用的。

接班人，各人看法不一样。魏延是刘备很欣赏的人，但是，诸葛亮非要杀这个人不可。诸葛亮第一眼看到魏延就要杀他，是刘备求情才没有杀，马谡却是刘备看不中的人。其实，诸葛亮流泪有一个原因，就是在白帝城的时候，刘备托孤告诉他：马谡这个人言过其实，他说得好听，实际上没有能耐，你千万不要重用他。当然诸葛亮也没听，他认为：我看人还会看错吗？你刘备看人难道比我厉害吗？所以这时候诸葛亮流泪，也是想起了刘备对马谡的评价。

老实讲，人都会看对看错，有一只看不见的手，那就叫缘分——有缘，越看越对眼；没有缘，越看越不对眼。所以，选接班人多半会选跟自己有缘的人，就是看对眼，因为有没有才能是没有客观的标准的。我们现在太相信量化，太相信客观的标准，而事实上那是不存在的。除非是物品，可以用各种标准衡量，人怎么衡量？你能用体重、身高来衡量吗？你能用长相来衡量吗？都不行。孔子就说："吾以言取人，失之宰予；以貌取人，失之子羽。"总有人是不按照你的标准出生的。

我们说，越是高层的人，越要接受大家的推荐。很多人说推荐人不好，我并不认同。其实我们要找基层的人，最好向学校要，从学校直接过来的，他没有被污染。如果连基层的人都舍不得自己培养，都要从别的同行里去挖，那我告诉你，那些人会从外面带来很多坏的习惯，最后就把你整个搞垮了。每家公司有每家公司的特色，基层直接向学校要人，然后自己培养，才能真正培养出适合自家公司的人才。现在教企合作也很方便，学生还没有毕业我就先签订十个二十个，一毕业就到我这来，我开始培养。

中层领导也可以自己培养，但是高层领导有时候是没有办法培养的，因为他是从小庙变成大庙的，小庙的时候大菩萨怎么会进来呢？所以高层领导经常都是空降单位，经常都是从外面进来的，那就一定要有人介绍，有人介绍，就多一个保证人。大家马上会想到，这个人情压力是不是太大了？有吗？没有。我是一个企业老板，常常跟银行贷款，经常跟银行融资，看到银行行长就恭恭敬敬。那个银行的董事长有一天找我说：“我有个侄儿，今年才毕业，你帮他在你公司安插个职位吧。”我怎么办？我能不能说没办法？“我们公司是有制度的，我们有一套很完备的人事制度……”你说的都对，但是会死得很惨，因为如果你跟他讲制度，银行董事长也会跟你讲：“那好，我们银行贷款也是有制度的。”他就回收你的钱，你就完了。唱高调有什么用呢？可是一般人都不会应对，勉为其难地答应下来，然后就硬塞进去，最后把自己搞垮了。你拒绝他，你是死路一条；你接受他，还是死路一条。怎么办？太简单了，这有什么难的。

银行董事长说：“我的侄儿今年才毕业，你想想办法，你企业那么大，安插一个人没有问题吧？”我说：“当然没有问题，怎么会有问题？我一定照办。”然后把他侄儿的简历拿来，回去就交给人事部门经理，怎么说？一切照规定，可以用，我们优先用他，如果不能用，那也绝对不能用。我没有违法，也没有违纪，但是我外面的人情也卖了。人事经理回复我说“能用”，那我马上就去跟银行董事长说：“这种人才我们求之不得，让你侄儿赶快来。”这样人情就卖给了他，也做足了面子。如果人事经理说“不能用”，那该怎么办？我就从此不提，下次看到那个银行董事长也不提，再一次看到他也不提，那他就心中有数了。

所以，为什么我们看到一个人第一件事情就是要提他心里关心的事情，就是这样的。老实讲，他看到你心里最关心的不是其他事情，而是他侄儿的事情到底怎么样。你吭都不吭，他就会明白你做不到。为什么？因为你做不到，不明说是给他面子，叫他知难而退。如果他那侄儿一直找不到工作，他就会问："我上次托你的事情怎么样？"你回答："还没有和你汇报吗？怎么可能？我回去当天就交给人事部门了，让他们及时跟您汇报，我回去再查一查。"这个话就是告诉他：我们内部是不同意的，因为你的侄儿不够格。说得很清楚，只是没有讲出来，他自己会听嘛！如果他听懂了，就会说："好，没有关系，我正要告诉你，我的侄儿已经找到工作了。"你说："那怎么行？不可以啊，我们失掉一个好人才。"他说："没有问题。"这样大家都有面子。不办就是不办，怎么可以办呢？有些人自己应付不了，然后就开始骂这个骂那个，又有什么用？

我当政务委员，我就要传达老百姓的意见。有一家老百姓在家里聚赌，警察去抓，这家人就来找我说人情，我要不要帮？当然要帮。我不帮，我下次再跟他说什么，他都不理我了，但是我也不能强迫警察放人，怎么办？我会陪他去，去干什么？去跟派出所的主管"唱戏"。做人要会"唱戏"。派出所主管看到我去，恭敬得不得了，泡茶，递烟，说："有什么事您尽管交代。"我就跟他说："这是我的好朋友，他家里其实不是聚赌，只是几个朋友打几圈麻将而已，没有聚赌，我可以保证。"他说："我知道。"然后他就进到里面去，过了一会儿，他出来跟我说："其实您老每次来，我们都非办不可，但是这次的确情形很特殊，有困难，不过我还是尽力。"我就把这家老百姓拉到一边说："你看到没有，他对我很恭敬，我每次来，他能办就给办了，这件事情我看是办不了了，我看你还是另外想办法吧，我只能做到这里，我绝对不可能强迫他做违法的事情。”事情我办不成，但是我一定要带这家人来，证明我和派出所的主管都的确没有做违法的事情。

现在很多人的脑筋都支离破碎，没有一个完整的想法。我带他来有两个目的：一个是看看派出所的主管是不是真的依法办理，如果不是的话，别人可以卖人情，我为什么不能卖人情？那错就在派出所主管了。如果派出所主管很正，我当然不会强迫他，我会劝聚赌的人另外想办法。如果我说：“我再替你想办法。”他一定说：“不用了。”我说：“那怎么行？”他一定不要。

任何事情都没有不能解决的方法，只是你喜欢看西方的书那是你的事，我没有批评西方的书不对，西方的书在西方是绝对管用的，因为外国人很简单，你送他礼，他照收，你请他吃饭，他照吃，但是事情不行就是不行。中国人非常痛恨这种人：你吃过我的饭，拿了我的礼，还不替我做事！可是你不收他的礼，那你更惨了。

孙权的后代有一个人当了皇帝，他要革新，施政，下令过节绝对不收礼，然后有一个大臣叫人挑了一担礼物进宫，太监问他：“你干什么？”“我干什么？送礼给皇上。”“皇上说不收礼。”大臣说：“好，不收礼可以，你进去问问我的礼收不收？”太监进去问过皇上，出来说：“皇上说谁的礼都不收。”大臣说：“没有关系，太好了！”他就回去了，没多久就把皇帝废掉了——你不收我的礼，我就把你废掉，谁倒霉？你倒霉。

怎么可以把每个人看成一样呢？那你太没有眼光了。是不是我们要很势利去巴结有权有势的人？当然不是。这就是中国社会的难题，如果很容易做的话，那我们学习干什么呢？有什么好学习的？

第三，也是最要紧的，就是在职培养。在职培养是很简单的，我当经理，我下面有五个科长，这个部门很大了。一个礼拜五天，我要他们每一个人轮流排班，礼拜一，这个科长到我这里来，多久？一个小时就够了。你坐在我旁边，任何公文我看过以后，我让你看看我是怎么处理的。一段时间以后，换过来，所有公文你先看，你认为要怎么处理，但是你不能写，因为你不是我，你只能用其他的纸写写，我看看，我就告诉你，这个不对，那个不行，这里有偏差……他就懂了。

人只有从实务里面去学习，才会成长。你学的都是外面的东西，都是别家公司的东西，你到我这家公司还能做什么？所以，任何一个空降部队都要经过一段时间的适应。我们现在空降部队十个有八个阵亡，就是总经理不会做事。我是总经理，我想找空降部队，我会明说吗？我不会明说，一明说，就打击了所有的人，因为大家就会想：我跟你那么久都没有用？公司一成长你就到外面去挖高人，你让我们干什么？我们没有功劳也有苦劳。只要你明说，他们一定一致怨你。

我想到外面去挖人，很简单，我就拼命给大家布置任务，大家忙不过来，很多事情根本就做不了，他们就会来跟我说："不行，要找一些高手来，我们都干不完。"我问："怎么？你们不是做得好好的？”他们一定说：“没有，真的做不来了！”大家看看，只有他说了算，怎么可以我说了算？我问：“怎么办？”“最起码找两个高手来。”我还要让出主动权：“你们去找。”他们一定不明白：“为什么我们去找？”这时候我就说：“你们找人来，不会把他轰出去，我找十个被你们轰十个，那我算什么？我那么笨？”他们肯定说：“不会。”然后他们还要跟我保证，我还不能就此放下：“你们怎么保证我都不相信，你们自己去找。”最后他们找不到，还是来找我。我问：“你们找不到，要不要找？”“要找。”“怎么找？”他们说：“你去找。”我说：“我找来，你们不能轰掉。”当然，我还是不相信他们。我找到了人，会跟找来的人说：“这里面有两个人很难搞，我给你三天的时间，你去拜访这两个人，到他们家里去拜访。”然后这个人就去拜访，说：“公司一再要我来，我就是不敢来，为什么？因为公司有你们了，怎么找我呢？”他就说：“当然你要来，当然得请你这样的专家来。”你要把这两个人的面子做足了，让他们支持你，你才能来。说来就来，哪有这么简单？现在都是直来直往，赶快，想到就办，高速度，那就真的完了。

第十二章

心安理得，力求善终

我们说，各行各业都是为人民服务的，那么如何为人民服务？第一，我们的品质要安全，要可靠；第二，我们的服务要稳定，要有一定的水平，不能忽冷忽热；第三，我们的策略要有可持续性，可以随机应变，但是大的原则不能改变。这样就谁也拿你没有办法了，这时候你就可以完成人生最高的目标，也是各个阶层的人共同的目标，叫作时时求善终。中国人为什么那么谨慎？为什么考虑那么周密？目的只有一个：时时求善终。所以在最后一节，我就来讲一下《大学》中平天下最后的目标，即每一个人都尽一己的责任来求得善终。

一、心安理得才算善终

我们有一句老话，叫作慎始善终，但是慎始未必能够善终。有很多人刚开始一板一眼，规规矩矩，做得非常漂亮，但是一阵子之后就变了。一个人非常好，非常值得信赖，但是不升官则已，一升官就慢慢变节了，然后再升官，又完蛋了，最后没戏了，这都是事实。有的人恶名昭彰，大家都知道他贪污腐败，什么都来，可是他一直升官，所以很多人就抱怨：还有公理吗？怎么会这样子？难道上面不知道吗？其实不要这样想，老天是有眼的，当一个人小小的一点出轨，老天不能收拾他，老天收拾他就是老天没有天理。老天要收拾一个人，要有根据，也有法度，天也是有法的，怎么可能没有法？天的法是什么？就是要这个人做到四个字——恶贯满盈，等到他恶贯满盈，老天自然就收掉他了。比如高俅，他为什么那么坏？大家都知道，宋江不杀他，皇帝不杀他，为什么？因为等他有一天恶贯满盈时，老天就把他收掉了，老天是最公正的。可是，恶贯满盈的标准对每个人都不一样。

我问过很多赚了大钱的人："你真有办法，怎么赚这么多钱呢？"他们说："哪里是我的办法？还是祖宗有德啊！"我从心里认同他说的话。一个人过于相信自己的能力，那是很悲惨的，因为能力都是很有限的，一下子就不见了。一百零八条好汉，哪个不是武功盖世？最后怎么样？凄凄惨惨。

看完《水浒传》，应该了解三件事情，第一件事情：英雄都是被逼出来的。宋江走投无路被逼上梁山，其他的人，哪一个不是这样？武艺是不可靠的，才能是不可靠的，唯一可靠的就是品德。我品德修养很好，我这辈子很凄惨，我的子孙会得到福报，这还是很公正的。有人抱怨："这不公平，为什么我辛苦？为什么他们享受？"没有办法，因为时也，命也。时不同，整个的方法、方向，整个的现象就不一样了。比如在中国的历史上，有时候武将很吃香，有时候文人很吃香，这是事实。当皇帝不需要打仗的时候，武将没有用；当国家要打仗的时候，当然将军作用可大了，文人算什么？你会吟诗，回你家去吟吧！那是时在决定，哪里是人在决定？

同样一个人，有人看他很对眼，有人看他不顺眼，这是什么道理？就是看不见的因素在做主，而不是看得见的因素。这个人的身高、体重，会不会每个人都满意？不会，有的人喜欢高的，有的人喜欢矮的，有的人喜欢胖的，有的人喜欢瘦的，这样每一个人才找得到另外一半。如果大家目标都是一样的，那么永远不够分配。

所以，读《水浒传》第二个要认识的，就是武大郎为什么要娶潘金莲。有一句话叫作自讨苦吃，如果你是潘金莲，你会嫁给武大郎？你会安分守己？他对你再好，你都谢谢就好了。潘金莲不守本分，那是必然的结果，因为他们两个完全不对等，所以我们不能太忽视老人的话。老话说得好，要门当户对，要听父母之命，要有媒妁之言，没有一句话是错的。但是，现在的年轻人都说："我才不要人家介绍！"然后自己去参加婚恋交友平台，那不奇怪？你不要人家介绍，就不要去参加婚恋交友平台，然后还上电视去相亲。我有时候看那种节目很不忍心，有一个条件实在不怎么样的人，他上去鼓起勇气来，然后说："我没有钱，也没有才能，我什么都没有，但是我要选你们其中的一个，有哪位愿意跟我过？"然后开始连线，一个对象都没有，那是干吗？自取其辱。我们现在很奇怪，把错的看成对的，把对的看成错的。武大郎娶了潘金莲，不但害死他自己，而且害了他弟弟。武松在那个情况之下，一点办法都没有，非杀他嫂嫂不可，一杀了嫂嫂，他自己就无路可走了，他再能打老虎，他再有武艺，有什么用？最后还是被逼上梁山了。

第三个也是最重要的，就是宋江到底对不对。宋江当然是对的，因为他在很无奈的情况下带领大家走上了一条路。他也知道是死路，因为谁都知道，朝堂上那些人没有一个会接受他们，凭空多一堆竞争者，尤其是梁山英雄个个都武艺非凡，那些朝廷官员本来就想尽办法要杀他们而后快，怎么会留下竞争？这就跟我们讲的空降部队引起原有人员不满是一样的道理，但是对于宋江来说那是没有办法的一个选择，是唯一的途径，最起码还图得几个人可以有一个解脱。

梁山泊一百零八条好汉都修得正果，每一个人都是好死，没有一个人是不善终的。大家听到善终总会觉得是人不生病而死，那不对。什么叫善终？死得心安理得就叫善终。不管怎么死，死得心安理得，都是善终。宋江心安理得，皇帝每次赐他酒，他都想到是毒酒。奇怪，照理说宋江应该觉得皇帝不会害他才对，可是每一次皇帝一赐酒，宋江都有心理准备，他心安理得。第一次皇帝是试他的，给他酒，他喝了，皇帝才开始相信他；可是第二次赐他酒的时候，他就知道一定是绝命酒，但他舍生取义，心安理得。林冲对宋江非常不满：你不是我，你当然可以放高俅，可我这一生这一世，就是为了杀高俅，不然我活着干什么？但是最后他也觉悟了，还是觉得宋江是对的，不能因为个人的恩怨而害死所有的人。像这些事情，你现在去网上看看，各式各样的言论都有，其实很多都是不成熟的。

二、先要慎始，方能善终

我们要做到慎始善终，要注意以下几个方面。

第一，以两难做起点，才会慎始。现在美国不印钞票，走投无路；印钞票，全世界都反感，这是事实。我们常说，这样做不对，那样做也不对，这也是事实。任何事情都有两条路可走，一条叫生门，一条叫死门，只要连续选到三次死门，就死定了。为什么不走生门，偏往死门去走？天堂有路你偏不去，地狱无门你一定要闯进来，这就叫自作自受。千万记住，一切事情老天安排的都是两难。水果不吃，它会烂掉，吃了，就没了；饭吃了，血糖就高了，不吃，就饿了……尤其像现在这种天气，你多穿衣服感冒，少穿衣服也感冒，感冒不吃药，心里老不安，一吃药，麻烦更多。所以，现在我们都是一厢情愿，说一定怎么样，天底下哪里有什么一定？有的人生什么病都不必看医生，他就好了；有的人他不看医生就死了，所以从现在开始，不要相信什么model，什么pattern，千万不要。

两难也有例外，就是你在过红绿灯的时候，红灯你就不要走，不要说不一定，哪有什么不一定？可是当你到荒郊野外的时候，你可以不一定，四边都没有人也没有车，天上正下雨，又是很晚，红灯，你要不要停？我不知道你要不要停，你可以停，当然可以停，但是也可以不停，那是你的选择。可是在城市里面，你非停不可，不可以说不一定。所以连不一定都不一定，这就叫两难，不一定不一定就变一定，一定一定就变不一定，这就是《易经》的思维。现在的人完全分开了，一定就是一定，不一定就是不一定，那完了，那样就无法慎始，无法慎始就不得善终。

我们一生一世都在追求当下的平衡点、当下的合理点，那就要养成高度的警觉性、高度的怀疑心。怀疑心就等于警觉性，说好听点就是这个人很有警觉性，说难听点就是这个人怎么老怀疑人家？本来人就应该怀疑，不怀疑哪里有警觉性？

第二，过程也要很谨慎。当领导需要明白四个字，就是知人善任。知人都很难，何况善任？知人的前提要知己。我当领导，我知道我性子比较急，我就要用一两个性子比较缓的人。我急你也急，那完蛋了。我知道我的性子比较慢，我就要用两个性子比较急的人；我知道我脾气很坏，我就用两个脾气比较好的人；我脾气太好，我就用两个脾气坏的人。这就是互补，但有些地方要相同，比如理想要相同，道要相同。老实讲，脾气好的人有脾气好的人的好处，但是也有他的缺点，人家比较容易欺负他，因为中国人有一个很奇怪的地方，你脾气真那么好吗？我试试看。他一定要试，你何必让人家试你？试过之后就会有人说，嘴巴讲脾气好，最后还不是发脾气？当然你撞到他，他一定发脾气的。部属喜欢去测试老板脾气好是真的还是假的，你又不能改变他，因为他要摸清楚才敢做事。我们要慢慢去了解一个人，不要完全相信任何人，因为人是会变的。人很可怕的就是会变，很相信的人，突然间变不相信了；很有能力的人，忽然一下子变得没有能力；一个很守规矩的人，后来发现原来他这么乱来……人是会变的，这才是可怕的。怎么办？很简单，就是我随时都会去核查，我会在无关紧要的时候，去试一下他，等到紧要关头再试他，那就晚了，只要一搞错，我就被他拖下水。

我年轻的时候，有时候要出国，二老不住在同一个城市里，我的小孩要托谁？我不能动不动就带小孩出国，那不可能。小孩又小，我总要托一个人，于是就说：我这个礼拜出去，我家小孩你帮我照顾。照顾小孩，我请问你，你托谁？你只要托错人，回来发生的事情，可能会让你终生遗憾，就算国家赔偿也没有用，那只不过是几个钱而已。怎么办？很简单，先测试一个人靠不靠谱。我上班的时候是有校车的，我一上校车，我就跟我旁边那个人讲："王主任，今天十二点有人要来找我，能不能麻烦一下你，十一点五十分打电话给门卫，说我在什么地方，让要找我的人到那里来。"他该怎么回答？他会说："你自己不会打电话给门卫？要我打？"你知道这个人是不肯帮人家忙的，就算他说没问题，你也不知道是真的假的，很简单，我就十一点五十二分打电话到门卫，我问："刚才有没有人打电话问你我在什么地方？"门卫说没有，那就是王主任没有做，门卫说有，我就知道王主任这个人很可靠。

人，如果不试，你怎么敢相信他？现在的人都是凭自己的感觉，都是凭他人的保证，最后自己倒霉。在平常，你要学会测试每一个人，你知道这个人可以承担到什么地步，他可以相信到什么地步，然后紧要关头你找人，一定要找对的，不要找错的。一出手就是错的，就说明你平常没有做准备工作。我不会随便相信任何人，但是我会试，我想有一天我有需要的人，我一定会先试，试过了之后，如果再错，心安理得，那是老天爷觉得我应该受这个处罚，我心安理得地接受，我没有怨，因为我都试过，我尽了力了，还是这样，没有问题，算了，无所谓，这样就离善终差不多了。如果你有亏欠，你很后悔，甚至还悔恨，那就叫不得善终。我们每天要反省，怎么反省？很简单，坐下来，先想我今天有哪些得意的事情，你先想一点得意的会怎么样，然后再想我有什么值得要改进的地方。

其实古人烧香是有目的的，我们常常讲一炷香的时间，一炷香的时间，就是那个香这样烧下来有一个时间，你要反省。你点一炷香，插在那里，这个跟神没有关系，跟迷信没有关系，而是告诉自己，如果没有那炷香的话，我很容易放过自己，觉得自己没有什么缺点，然后就过去。人最容易放松自己，我现在点一炷香，我要坚持到那个香烧完了，我再放过自己，那么我迟早会检讨出一些东西。香是拿来计算时间的，告诉你不要轻易地放过自己，你才会把自己的缺点真正地检讨出来，否则你很容易放过自己。人，对别人的过错会记得很牢，却觉得自己的过错无关紧要，其实完全相反。记住一句话，我们一生大概不可能犯大错，却会犯很多小错，所以叫作小错不断，大错不犯。因为谁都没有胆量去犯大错，谁有这个胆量？叫你去杀人，你会杀吗？大概率不会；叫你去做天动地摇的事情，你会做吗？不会。

三、时时为公，力求善终

在《易经》里面，不是用“善终”两个字，而是用“无咎”。无咎就是没有遗憾，没有后遗症。无咎就是说，只要是人，你不可能不犯错，人不是圣贤，怎么能不犯错呢？

我每一次到祭拜孔子的地方，都发现孔子旁边有一个“复圣”，就是颜回的牌位。颜回三十多岁就死了，很短命，他没有留下什么著作，也没有什么功名，为什么他死了之后，还有那么尊贵的位子？叫复圣是什么道理？复是《易经》里的一个卦，叫复卦，复卦最要紧的是三个字，叫作不远复。不远复的意思是，你做错了，就是偏离正道，只要不是偏太远，你就能够回来，就不错了。就怕你偏了，你还不认错，再偏，还不认错，又偏，那就完了。复圣的意思是说，颜回不是没有犯过错，而是他每次一犯过，很快就会反省，很快就会拉回来，这是很了不起的事情。

知过必改，而且还得是发自内心的。我是不主张道歉的，我们现在的年轻人，学会了道歉以后，他就乱来了。现在很多的年轻人喜欢后背带个背包，我告诉你，我在美国读过书，在英国读过书，但是我一辈子不背背包，我背背包干什么？我干什么那么辛苦自己。很多的年轻人带个背包觉得很时髦，那你去背，那是你的事，你要知道你背个背包，你后面没有长眼睛，你转一次，就撞到他一下，一过去又撞到他一下，人家讨厌得要死。你要背背包可以，你要有本事不碰到任何人。现在都是道歉，道歉，整天道歉就表示根本不知悔改。

我拿着东西从来不会去碰任何人，但是我会故意去碰小孩子。只要有小孩子背着背包撞来撞去，我就拿皮包顶他，因为你父母不教，我只好顶你，你要哭就哭，这是我的责任。现在小孩子不懂事，东冲西撞，大人还说没有关系。什么没有关系？为什么没有关系？你害死他了，怎么没有关系？就是自私。每次小孩子在洗手间接连拿那个纸，我都说："你准备将来长大当乞丐？"我毫不客气地告诉他，那不是你家的东西，不能这么浪费。你到美国去看，只要是外国人，他在厨房里面用擦手纸，会把它切成四张，够用就好了，不会浪费。中国人一次一张不够，用两张。说起来这是家教的问题，但这是人生的基础，我们现在基础不稳固。

做妈妈的经常告诉小孩："那边有两块砖头，你拿回家去，不要让人家看到。"小孩就拿了。上公交车，妈妈告诉小孩："你拿妈妈的雨伞去占个位置。"谁不知道这种花样？你骗得了谁？但是她就认为她瞒住了天下的人，这才是我们很要命的事情。

我从来不讲中国人不对，因为我们的道理都是对的，只是这些人做错了，那你怪谁？聪明的人是懂得保护自己，懂得自爱的人，而不是自以为聪明，认为自己比别人聪明，自己的所作所为别人看不懂。其实你说什么做什么，人家都清楚，一清二楚。比如等车，看车子来，你只有一个想法，车子停就好，再拥挤我都心甘情愿，因为车子经常不停，只要客满，车就不停，车子停下就好了，再拥挤我都不介意。车子一停，你一上去，说：怎么那么挤？就是你挤上来大家才挤的，你不上来根本不挤，你讲废话！但是十个人有八个是这样，不自爱，然后就开始抱怨了：同样买票，怎么你有位子坐，而我就要站着？这不公平！然后看到有人坐着，就说："小让一点给我坐好不好？"你慢慢会知道，中国人为什么慢慢地越来越冷漠，为什么不关照别人？就是开始你好意，看他年纪大，你让开一点，让他坐进来。他一开始只坐三分之一，也知道做人要有分寸，然后过一分钟马上想到：你们可以靠背，我怎么不能靠？管你呢！谁让，最后谁倒霉，谁做好人，谁最后吃亏，这是现实的教训，根源就在不自爱。人人守分，人人都不认为自己比别人聪明，人人觉得自己吃一点亏才有福气，那样就什么事情都没有了，和谐就很容易做到。

我们要记住，做中国人是很难得的，因为我们跟犹太人一样，都吃尽了苦头，所以我们都很有智慧。我现在请问你，你愿意做犹太人，还是愿意做中国人？很多外国人问我："全世界最聪明、最有智慧的有两种人，一种是犹太人，一种是中国人，你觉得你们跟犹太人有什么不同？"我的答案很简单，我说犹太人很聪明，聪明到全世界的人都要杀他们。我们中国人也不笨，但是我们会做到全世界的人都不想杀我们，不同就在这里而已。我们很爱面子，日本人也很爱面子，但还是不同，日本人爱面子，爱到不要命的程度。中国人爱面子爱到刚刚好，不会到死的程度。面子固然重要，但是生死更重要，我们真的要好好把它搞清楚。

人只要为公，偶尔犯错，大家会谅解，不会追究到底，只要是为私，所有人都心知肚明，都看得清清楚楚。所以曾子说："十目所视，十手所指。"其实孔子的一句话讲得很清楚，孔子说："丘也幸，苟有过，人必知之。"丘，就是孔子自己，他说我孔子真的很幸运，偶然有一点过失，全天下的人都知道，别人做错事也没人知道，也没人计较，我稍微有一点偏差，全世界都知道，代代子孙都知道。孔子就讲了一句话而已，说“唯女子与小人难养也”，被骂了几千年，其实孔子那是有感而发。孔子跟他的太太处得不是很好，跟他的儿子也有一点问题，那他为什么不能说这话？妈妈死了，儿子一直哭，孔子说：“你哭够没有？哭那么久就不要哭了，你还哭个没完。”那是他们家的事，他有感而发，这才是个正常的人。如果孔子每一句话都讲得正正经经，那么他完全是做表面的东西，完全是骗人的。

孔子是有血有泪的人，所有人都怀疑孔子有私心，最怀疑的就是他偏心自己的儿子：你是孔子的儿子，你爸爸一定留下什么秘诀，不告诉我们，偷偷告诉你了，到底有没有？有一天，有一个人鼓起勇气去问孔子的儿子：“你爸爸有没有私底下传授你一些东西？”他儿子说没有，然后又说：“等等，有一次我爸爸问我读了《礼》没有，我说没有，他问：不知礼，何以立？”然后大家就传果然孔子有私心，把这么重要的话只说给他儿子听，不说给我们听。不知礼，无以立，你可以说它是要紧的话，你说它是普通的话也对，好在孔子的儿子没有什么出息，否则孔子真要蒙受不白之冤了。但是老天有眼，让孔子的孙子非常出色，这叫隔代遗传，孔子的儿子就受到了很大的保护。所以现在在天上，他们祖孙三代就经常讲笑话，孔子的儿子跟孔子说：“我有这么好的儿子，你有没有？”然后他又跟他儿子说：“我有这么好的爸爸，你有没有？”这也是一乐，孔子的儿子也是慎始善终。

人，要知道自己，要明白自己的分寸，要自得其乐。我们发现，不管你从哪个角度，不管你从事什么行业，不管你的工作职务高低，你都要一心一意为人民服务，你就是一个顶天立地的中国人，你就是学而优则仕的典范，这时候你就可以放心地把为政之道用在你的日常生活中。

附录

《大学》经一章

dà xué zhī dào zài míng míng dé zài qīn mín zài zhǐ yú zhì shàn
大学之道，在明明德，在亲民，在止于至善。

zhī zhǐ ér hòu yǒu dìng dìng ér hòu néng jìng jìng ér hòu néng ān
知止而后有定，定而后能静，静而后能安，
ān ér hòu néng lǜ lǜ ér hòu néng dé
安而后能虑，虑而后能得。

wù yǒu běn mò shì yǒu zhōng shǐ zhī suǒ xiān hòu zé jìn dào yǐ
物有本末，事有终始，知所先后，则近道矣。

gǔ zhī yù míng míng dé yú tiān xià zhě xiān zhì qí guó yù zhì qí guó
古之欲明明德于天下者，先治其国；欲治其国
zhě xiān qí qí jiā yù qí qí jiā zhě xiān xiū qí shēn yù xiū qí shēn
者，先齐其家；欲齐其家者，先修其身；欲修其身
zhě xiān zhèng qí xīn yù zhèng qí xīn zhě xiān chéng qí yì yù chéng
者，先正其心；欲正其心者，先诚其意；欲诚
qí yì zhě xiān zhì qí zhī zhì zhī zài gé wù
其意者，先致其知。致知在格物。

wù gé ér hòu zhī zhì zhī zhì ér hòu yì chéng yì chéng ér hòu xīn
物格而后知至，知至而后意诚，意诚而后心
zhèng xīn zhèng ér hòu shēn xiū shēn xiū ér hòu jiā qí jiā qí ér hòu
正，心正而后身修，身修而后家齐，家齐而后
guó zhì guó zhì ér hòu tiān xià píng
国治，国治而后天下平。

zì tiān zǐ yǐ zhì yú shù rén yī shì jiē yǐ xiū shēn wéi běn qí běn
自天子以至于庶人，壹是皆以修身为本。其本

luàn ér mò zhì zhě fǒu yǐ qí suǒ hòu zhě bó ér qí suǒ bó zhě hòu
乱而末治者，否矣。其所厚者薄，而其所薄者厚，

wèi zhī yǒu yě
未之有也。

《大学》传十章

kāng gào yuē kè míng dé tài jiǎ yuē gù shì tiān zhī
《康诰》曰：“克明德。”《大甲》曰：“顾諟天之
míng mìng dì diǎn yuē kè míng jùn dé jiē zì míng yě
明命。”《帝典》曰：“克明峻德。”皆自明也。

tāng zhī pán míng yuē gǒu rì xīn rì rì xīn yòu rì
汤之《盘铭》曰：“苟日新，日日新，又日
xīn kāng gào yuē zuò xīn mín shī yuē zhōu suī jiù
新。”《康诰》曰：“作新民。”《诗》曰：“周虽旧
bāng qí mìng wéi xīn shì gù jūn zǐ wú suǒ bú yòng qí jí
邦，其命惟新。”是故君子无所不用其极。

shī yún bāng jī qiān lǐ wéi mín suǒ zhǐ shī yún
《诗》云：“邦畿千里，惟民所止。”《诗》云：
mín mán huáng niǎo zhǐ yú qiū yú zǐ yuē yú zhǐ zhī qí suǒ
“缗蛮黄鸟，止于丘隅。”子曰：“于止，知其所
zhǐ kě yǐ rén ér bù rú niǎo hū shī yún mù mù wén wáng
止，可以人而不如鸟乎？”《诗》云：“穆穆文王，
wū jī xī jìng zhǐ wéi rén jūn zhǐ yú rén wéi rén chén zhǐ yú jìng wéi
於缉熙敬止！”为人君，止于仁；为人臣，止于敬；为
rén zǐ zhǐ yú xiào wéi rén fù zhǐ yú cí yǔ guó rén jiāo zhǐ yú xìn
人子，止于孝；为人父，止于慈；与国人交，止于信。

shī yún zhān bǐ qí yù lǜ zhú yī yī yǒu fěi jūn zǐ rú
《诗》云："瞻彼淇澳，菉竹猗猗。有斐君子，如
qiē rú cuō rú zhuó rú mó sè xī xiàn xī hè xī xuān xī yǒu fěi jūn
切如磋，如琢如磨。瑟兮僩兮，赫兮喧兮。有斐君
zǐ zhōng bù kě xuān xī rú qiē rú cuō zhě dào xué yě rú zhuó
子，终不可諠兮！"如切如磋者，道学也；如琢
rú mó zhě zì xiū yě sè xī xiàn xī zhě xún lì yě hè xī xuān xī
如磨者，自修也；瑟兮僩兮者，恂栗也；赫兮喧兮
zhě wēi yí yě yǒu fěi jūn zǐ zhōng bù kě xuān xī zhě dào shèng dé
者，威仪也；有斐君子，终不可諠兮者，道盛德
zhì shàn mín zhī bù néng wàng yě shī yún wū hū qián wáng bú
至善，民之不能忘也。《诗》云："於戏！前王不
wàng jūn zǐ xián qí xián ér qīn qí qīn xiǎo rén lè qí lè ér lì qí
忘。"君子贤其贤而亲其亲，小人乐其乐而利其
lì cǐ yǐ mò shì bú wàng yě
利，此以没世不忘也。

zǐ yuē tīng sòng wú yóu rén yě bì yě shǐ wú sòng hū wú
子曰："听讼，吾犹人也，必也使无讼乎！"无
qíng zhě bù dé jìn qí cí dà wèi mín zhì cǐ wèi zhī běn
情者不得尽其辞，大畏民志。此谓知本。

suǒ wèi zhì zhī zài gé wù zhě yán yù zhì wú zhī zhī zài jí wù ér
所谓致知在格物者，言欲致吾之知，在即物而
qióng qí lǐ yě gài rén xīn zhī líng mò bù yǒu zhī ér tiān xià zhī wù mò bù
穷其理也。盖人心之灵莫不有知，而天下之物莫不
yǒu lǐ wéi yú lǐ yǒu wèi qióng gù qí zhī yǒu bú jìn yě shì yǐ dà
有理，惟于理有未穷，故其知有不尽也。是以大
xué shǐ jiāo bì shǐ xué zhě jí fán tiān xià zhī wù mò bù yīn qí yǐ zhī zhī
学始教，必使学者即凡天下之物，莫不因其已知之
lǐ ér yì qióng zhī yǐ qiú zhì hū qí jí zhì yú yòng lì zhī jiǔ ér yí
理而益穷之，以求至乎其极。至于用力之久，而一

dàn huò rán guàn tōng yān zé zhòng wù zhī biǎo lǐ jīng cū wú bú dào ér
旦豁然贯通焉，则众物之表里精粗无不到，而
wú xīn zhī quán tǐ dà yòng wú bù míng yǐ cǐ wèi wù gé cǐ wèi zhī zhī
吾心之全体大用无不明矣。此谓物格。此谓知之
zhì yě
至也。

suǒ wèi chéng qí yì zhě wú zì qī yě rú wù è xiù rú hào hǎo
所谓诚其意者，毋自欺也，如恶恶臭，如好好
sè cǐ zhī wèi zì qiè gù jūn zǐ bì shèn qí dú yě xiǎo rén xián jū wéi
色，此之谓自谦，故君子必慎其独也！小人闲居为
bú shàn wú suǒ bú zhì jiàn jūn zǐ ér hòu yā rán yǎn qí bú shàn ér
不善，无所不至，见君子而后厌然，掩其不善，而
zhù qí shàn rén zhī shì jǐ rú jiàn qí fèi gān rán zé hé yì yǐ cǐ
著其善。人之视己，如见其肺肝然，则何益矣？此
wèi chéng yú zhōng xíng yú wài gù jūn zǐ bì shèn qí dú yě
谓诚于中，形于外，故君子必慎其独也。

zēng zǐ yuē shí mù suǒ shì shí shǒu suǒ zhǐ qí yán hū fù
曾子曰："十目所视，十手所指，其严乎！"富
rùn wū dé rùn shēn xīn guǎng tǐ pán gù jūn zǐ bì chéng qí yì
润屋，德润身，心广体胖，故君子必诚其意。

suǒ wèi xiū shēn zài zhèng qí xīn zhě shēn yǒu suǒ fèn zhì zé bù dé
所谓修身在正其心者，身有所忿懥，则不得
qí zhèng yǒu suǒ kǒng jù zé bù dé qí zhèng yǒu suǒ hào yào zé bù
其正；有所恐惧，则不得其正；有所好乐，则不
dé qí zhèng yǒu suǒ yōu huàn zé bù dé qí zhèng xīn bú zài yān shì
得其正；有所忧患，则不得其正。心不在焉，视
ér bú jiàn tīng ér bù wén shí ér bù zhī qí wèi cǐ wèi xiū shēn zài
而不见，听而不闻，食而不知其味。此谓修身在
zhèng qí xīn
正其心。

suǒ wèi qí qí jiā zài xiū qí shēn zhě rén zhī qí suǒ qīn ài ér pì
所谓齐其家在修其身者，人之其所亲爱而辟
yān zhī qí suǒ jiàn wù ér pì yān zhī qí suǒ jìng wèi ér pì yān zhī
焉，之其所贱恶而辟焉，之其所敬畏而辟焉，之
qí suǒ āi jīn ér pì yān zhī qí suǒ ào duò ér pì yān gù hào ér zhī qí
其所哀矜而辟焉，之其所敖惰而辟焉，故好而知其
è wù ér zhī qí měi zhě tiān xià xiǎn yǐ gù yàn yǒu zhī yuē rén mò
恶，恶而知其美者，天下鲜矣！故谚有之曰：“人莫
zhī qí zǐ zhī è mò zhī qí miáo zhī shuò cǐ wèi shēn bù xiū bù kě yǐ
知其子之恶，莫知其苗之硕。”此谓身不修不可以
qí qí jiā
齐其家。

suǒ wèi zhì guó bì xiān qí qí jiā zhě qí jiā bù kě jiào ér néng jiào rén
所谓治国必先齐其家者，其家不可教而能教人
zhě wú zhī gù jūn zǐ bù chū jiā ér chéng jiào yú guó xiào zhě suǒ yǐ
者，无之。故君子不出家而成教于国：孝者，所以
shì jūn yě tì zhě suǒ yǐ shì zhǎng yě cí zhě suǒ yǐ shǐ zhòng yě
事君也；弟者，所以事长也；慈者，所以使众也。
kāng gào yuē rú bǎo chì zǐ xīn chéng qiú zhī suī bú zhòng
《康诰》曰：“如保赤子。”心诚求之，虽不中，
bù yuǎn yǐ wèi yǒu xué yǎng zǐ ér hòu jià zhě yě
不远矣。未有学养子而后嫁者也！

yì jiā rén yì guó xīng rén yì jiā ràng yì guó xīng ràng yì rén
一家仁，一国兴仁；一家让，一国兴让；一人
tān lì yì guó zuò luàn qí jī rú cǐ cǐ wèi yì yán fèn shì yì rén
贪戾，一国作乱。其机如此。此谓一言偾事，一人
dìng guó yáo shùn shuài tiān xià yǐ rén ér mín cóng zhī jié zhòu shuài
定国。尧舜帅天下以仁，而民从之；桀纣帅
tiān xià yǐ bào ér mín cóng zhī qí suǒ lìng fǎn qí suǒ hào ér mín bù
天下以暴，而民从之。其所令反其所好，而民不

cóng shì gù jūn zǐ yǒu zhū jǐ ér hòu qiú zhū rén wú zhū jǐ ér hòu fēi
从。是故君子有诸己而后求诸人，无诸己而后非

zhū rén suǒ cáng hū shēn bú shù ér néng yù zhū rén zhě wèi zhī yǒu
诸人。所藏乎身不恕，而能喻诸人者，未之有

yě gù zhì guó zài qí qí jiā
也。故治国在齐其家。

shī yún táo zhī yāo yāo qí yè zhēn zhēn zhī zǐ yú guī
《诗》云：“桃之夭夭，其叶蓁蓁。之子于归，

yí qí jiā rén yí qí jiā rén ér hòu kě yǐ jiào guó rén shī
宜其家人。”宜其家人，而后可以教国人。《诗》

yún yí xiōng yí dì yí xiōng yí dì ér hòu kě yǐ jiào guó rén
云：“宜兄宜弟。”宜兄宜弟，而后可以教国人。

shī yún qí yí bù tè zhèng shì sì guó qí wèi fù zǐ xiōng
《诗》云：“其仪不忒，正是四国。”其为父子兄

dì zú fǎ ér hòu mín fǎ zhī yě cǐ wèi zhì guó zài qí qí jiā
弟足法，而后民法之也。此谓治国在齐其家。

suǒ wèi píng tiān xià zài zhì qí guó zhě shàng lǎo lǎo ér mín xīng xiào
所谓平天下在治其国者，上老老而民兴孝，

shàng zhǎng zhǎng ér mín xīng tì shàng xù gū ér mín bú bèi shì yǐ jūn
上长长而民兴弟，上恤孤而民不倍，是以君

zǐ yǒu xié jǔ zhī dào yě suǒ wù yú shàng wú yǐ shǐ xià suǒ wù yú
子有絜矩之道也。所恶于上，毋以使下；所恶于

xià wú yǐ shì shàng suǒ wù yú qián wú yǐ xiān hòu suǒ wù yú
下，毋以事上；所恶于前，毋以先后；所恶于

hòu wú yǐ cóng qián suǒ wù yú yòu wú yǐ jiāo yú zuǒ suǒ wù yú
后，毋以从前；所恶于右，毋以交于左；所恶于

zuǒ wú yǐ jiāo yú yòu cǐ zhī wèi xié jǔ zhī dào shī yún lè
左，毋以交于右。此之谓絜矩之道。《诗》云：“乐

zhǐ jūn zǐ mín zhī fù mǔ mín zhī suǒ hào hào zhī mín zhī suǒ wù wù
只君子，民之父母。”民之所好好之，民之所恶恶

zhī cǐ zhī wèi mín zhī fù mǔ shī yún jié bǐ nán shān wéi
之，此之谓民之父母。《诗》云："节彼南山，维
shí yán yán hè hè shī yǐn mín jù ěr zhān yǒu guó zhě bù kě yǐ bú
石岩岩。赫赫师尹，民具尔瞻。"有国者不可以不
shèn pì zé wèi tiān xià lù yǐ
慎，辟则为天下僇矣。

shī yún yīn zhī wèi sàng shī kè pèi shàng dì yí jiàn yú
《诗》云："殷之未丧师，克配上帝。仪监于
yīn jùn mìng bú yì dào dé zhòng zé dé guó shī zhòng zé shī guó
殷，峻命不易。"道得众则得国，失众则失国。
shì gù jūn zǐ xiān shèn hū dé yǒu dé cǐ yǒu rén yǒu rén cǐ yǒu tǔ yǒu
是故君子先慎乎德。有德此有人，有人此有土，有
tǔ cǐ yǒu cái yǒu cái cǐ yǒu yòng dé zhě běn yě cái zhě mò yě
土此有财，有财此有用。德者本也，财者末也。
wài běn nèi mò zhēng mín shī duó shì gù cái jù zé mín sàn cái sàn zé mín
外本内末，争民施夺。是故财聚则民散，财散则民
jù shì gù yán bèi ér chū zhě yì bèi ér rù huò bèi ér rù zhě yì bèi
聚。是故言悖而出者，亦悖而入；货悖而入者，亦悖
ér chū kāng gào yuē wéi mìng bù yú cháng dào shàn zé
而出。《康诰》曰："惟命不于常。"道善则
dé zhī bú shàn zé shī zhī yǐ chǔ shū yuē chǔ guó wú yǐ wéi
得之，不善则失之矣。《楚书》曰："楚国无以为
bǎo wéi shàn yǐ wéi bǎo jiù fàn yuē wáng rén wú yǐ wéi bǎo
宝，惟善以为宝。"舅犯曰："亡人无以为宝，
rén qīn yǐ wéi bǎo
仁亲以为宝。"

qín shì yuē ruò yǒu yí jiè chén duàn duàn xī wú tā jì
《秦誓》曰："若有一介臣，断断兮，无他技，
qí xīn xiū xiū yān qí rú yǒu róng yān rén zhī yǒu jì ruò jǐ yǒu zhī
其心休休焉，其如有容焉。人之有技，若己有之。

rén zhī yàn shèng qí xīn hào zhī bú chì ruò zì qí kǒu chū shí néng róng
人之彦圣，其心好之，不啻若自其口出，寔能容
zhī yǐ néng bǎo wǒ zǐ sūn lí mín shàng yì yǒu lì zāi rén zhī yǒu
之。以能保我子孙黎民，尚亦有利哉！人之有
jì mào jí yǐ wù zhī rén zhī yàn shèng ér wéi zhī bǐ bù tōng shí bù
技，媢疾以恶之。人之彦圣，而违之俾不通。寔不
néng róng yǐ bù néng bǎo wǒ zǐ sūn lí mín yì yuē dài zāi wéi rén
能容，以不能保我子孙黎民，亦曰殆哉！”唯仁
rén fàng liú zhī bǐng zhū sì yí bù yǔ tóng zhōng guó cǐ wèi wéi rén
人放流之，迸诸四夷，不与同中国。此谓唯仁
rén wéi néng ài rén néng wù rén jiàn xián ér bù néng jǔ jǔ ér bù néng
人为能爱人，能恶人。见贤而不能举，举而不能
xiān mìng yě jiàn bú shàn ér bù néng tuì tuì ér bù néng yuǎn guò
先，命也。见不善而不能退，退而不能远，过
yě hào rén zhī suǒ wù wù rén zhī suǒ hào shì wèi fú rén zhī xìng zāi
也。好人之所恶，恶人之所好，是谓拂人之性，灾
bì dài fú shēn shì gù jūn zǐ yǒu dà dào bì zhōng xìn yǐ dé zhī jiāo tài
必逮夫身。是故君子有大道，必忠信以得之，骄泰
yǐ shī zhī
以失之。

shēng cái yǒu dà dào shēng zhī zhě zhòng shí zhī zhě guǎ wéi zhī
生财有大道。生之者众，食之者寡，为之
zhě jí yòng zhī zhě shū zé cái héng zú yǐ rén zhě yǐ cái fā shēn
者疾，用之者舒，则财恒足矣。仁者以财发身，
bù rén zhě yǐ shēn fā cái wèi yǒu shàng hào rén ér xià bú hào yì zhě yě
不仁者以身发财。未有上好仁而下不好义者也，
wèi yǒu hào yì qí shì bù zhōng zhě yě wèi yǒu fǔ kù cái fēi qí cái zhě yě
未有好义其事不终者也，未有府库财非其财者也。

mèng xiàn zǐ yuē xù mǎ shèng bù chá yú jī tún fá bīng zhī
孟献子曰：“畜马乘，不察于鸡豚；伐冰之

jiā bú xù niú yáng bǎi shèng zhī jiā bú xù jù liǎn zhī chén yǔ qí
家，不畜牛羊；百乘之家，不畜聚敛之臣。与其

yǒu jù liǎn zhī chén nìng yǒu dào chén cǐ wèi guó bù yǐ lì wéi lì
有聚敛之臣，宁有盗臣。”此谓国不以利为利，

yǐ yì wéi lì yě zhǎng guó jiā ér wù cái yòng zhě bì zì xiǎo rén yǐ
以义为利也。长国家而务财用者，必自小人矣。

bǐ wéi shàn zhī xiǎo rén zhī shǐ wéi guó jiā zāi hài bìng zhì suī yǒu shàn
彼为善之，小人之使为国家，灾害并至，虽有善

zhě yì wú rú zhī hé yǐ cǐ wèi guó bù yǐ lì wéi lì yǐ yì wéi lì yě
者，亦无如之何矣！此谓国不以利为利，以义为利也。